JN062282

西洋美術に描かれた

ギリシャ神話
神様図鑑

監修：池上英洋

はじめに

ギリシャ神話に興味を抱いたきっかけは何ですか？
星座を観察する理科の授業でしょうか。
それとも、マンガや映画、西洋絵画を通してでしょうか。
「これから学んでみたい！」という方もいると思います。

ギリシャ神話は、日本の縄文時代にあたる頃から伝わる、
とてもとても古い物語です。
しかもギリシャは、日本と遠く離れたヨーロッパにあります。
それなのに、ギリシャの神々のエピソードが
私たちをひきつけてやまないのは、どうしてでしょうか。
本書を読んで、その答え探しをしてみてください。
読み終わる頃には、神々の生き生きとした姿に想像力を刺激され、
心がより豊かになるのではないでしょうか。

目次

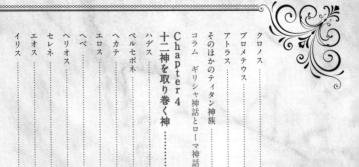

本書の見方

ギリシャ神話の神様の名前。左下はローマ字、右下はギリシャ文字での表記です。

ローマ神話での呼び名とローマ字表記、英語での呼び名とローマ字表記です。

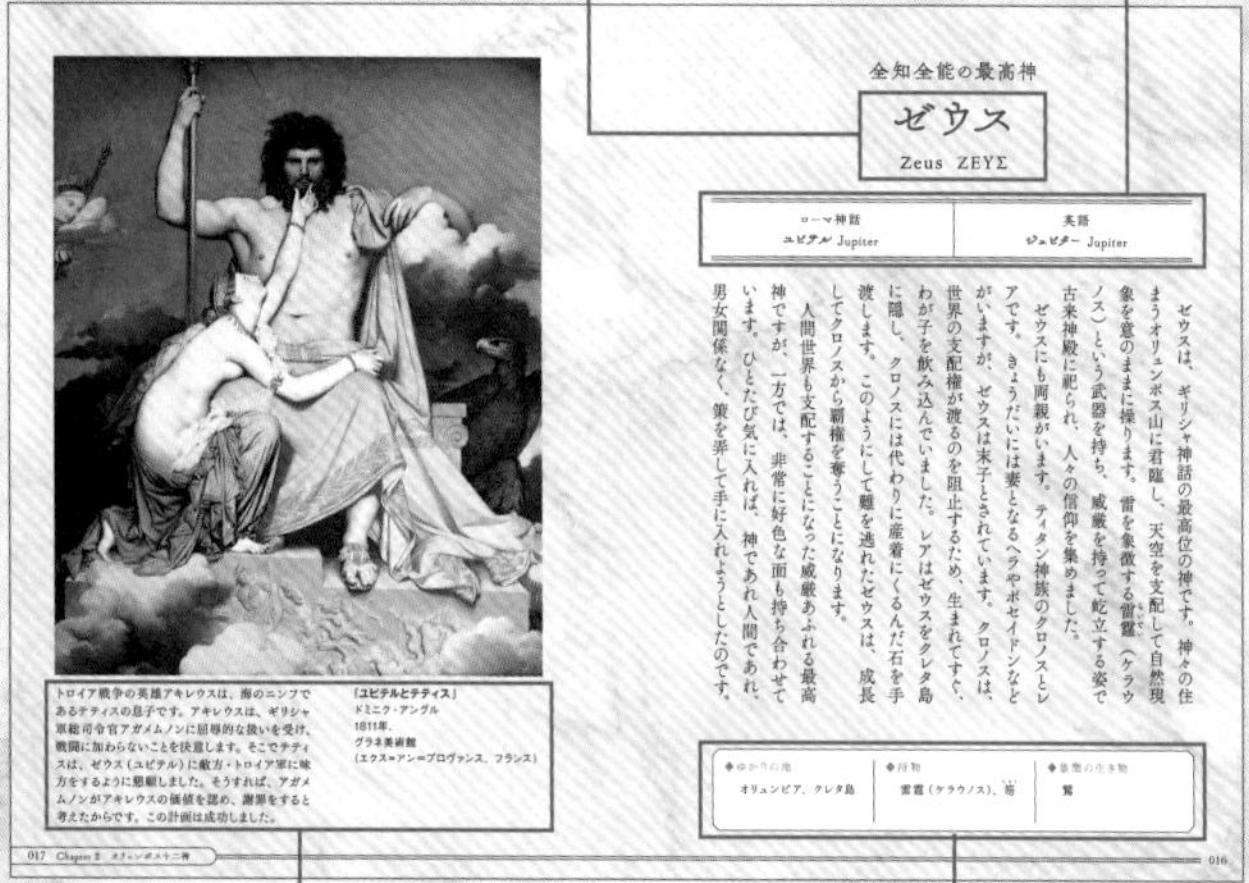

神話を主題とした絵画の解説と、作品名、作者、制作年、収蔵館（所在地）です。

生誕地や信仰の中心といったゆかりの地、西洋絵画などでともに描かれる象徴や生き物です。

・神様の名前は、原則、カール・ケレーニイ『ギリシアの神話 神々の時代』『ギリシアの神話 英雄の時代』（中公文庫）の表記をもとにしています。
・ギリシャ神話には、本書に挙げたエピソード以外にも多くの異説があります。
・作品名には、すでに日本で定着している表記を用いています。そのため、神様名は各章冒頭に記されている表記と異なる場合があります。

ギリシャ神話の成り立ち

Chapter 1

ギリシャ神話
神様図鑑

ギリシャ神話の成り立ち

ギリシャ諸民族共通のアイデンティティとして

「ギリシャ神話」とは、古代ギリシャの諸民族に伝えられてきた神話の集成のことをいいます。「古代ギリシャ」の定義には諸説ありますが、紀元前3000年頃から、古代ローマがギリシャ一帯を支配する紀元前2世紀頃までを指すのが一般的です。日本では、縄文時代から弥生時代にあたります。

ギリシャ神話は、長い時間をかけて、口伝えで人々に語り継がれてきました。特に大きな役割を果たしたのが吟遊詩人（アオイドス）です。彼らは、王宮で催される祝宴や、人々が集まる祭典などで詩をうたい、民衆に物語を広めるのに貢献しました。ギリシャにアテナイやスパルタなどの都市国家が生まれ、覇権をかけて互いに争うようになっても、神々はギリシャ全域に共通するアイデンティティであり続けました。

ミケーネ文明（紀元前1600～1200年頃）のフレスコ画
ナフプリオン考古学博物館（ギリシャ）

吟遊詩人によって語り継がれ文学や演劇作品にもなった

やがて神話は、文字の形でも残されるようになります。紀元前8世紀頃には、「イリアス」「オデュッセイア」を残した吟遊詩人ホメロスが登場します。ホメロスは実在するかどうかも不明な謎の人物ですが、いずれにしても特定の誰かが、実際に起きたトロイア戦争での出来事を、神話を織り交ぜて壮大な叙事詩に仕上げていったことは確かだといえます。

同時期の詩人には、ヘシオドスもいます。ヘシオドスは、「神統記」で神々の起源と系統を、「仕事と日」で人間の起源をまとめました。

さらに時代が下って紀元前5世紀頃になると、ソポクレス、アイスキュロス、エウリピデスといった悲劇作家が現れます。口承の神話は、文学や演劇という新しい形態で、後世に伝わっていくことになります。

『ホメロス礼讃』
ドミニク・アングル
1827年、
ルーヴル美術館
（パリ、フランス）

新しい学問が台頭 信仰は失われなかった

少し遅れて、プラトンやソクラテス、アリストテレスなどが活躍する、「ギリシャ哲学」の全盛期がやってきます。神話とは一定の距離をとる哲学者たちは、神話を、あくまでも人々に道徳を説いたり、自国の歴史を伝えたりするためのひとつの手段とみなしていたと考えられています。

なおアリストテレスは、幼い頃のアレクサンドロス大王の家庭教師を務めており、哲学だけではなく、文学や科学、医学も教えていたといわれています。

同じ頃、ヘロドトスやトゥキディデスが「歴史学」を確立させます。彼らが追求したのは正確性でしたので、歴史学と神話はかけ離れていきました。ところが、現代においても宗教が存在するように、当時のギリシャの民衆は、神々への信仰を捨てることはありませんでした。

『**アテナイの学堂**』（部分）
プラトン（中央左）とアリストテレス（中央右）
ラファエロ・サンツィオ
1509～1510年、ヴァチカン美術館

さまざまな文化・芸術に影響を与え続けるギリシャ神話

ギリシャ神話は、文学以外の芸術でも、主題として重んじられてきました。たとえば、工芸、建築、彫刻などです。「古代ギリシャ」といわれて私たちが思い浮かべるであろうパルテノン神殿や彫刻の『ミロのヴィーナス』は、ギリシャ神話と密接な関りをもっています。

特に、美しい肉体表現と調和のとれたプロポーションが見事なギリシャ彫刻の数々は、ヘレニズム時代、そして古代ローマの彫刻家たちに大きな影響を与えます。

中世を経てさらに時代が下ると、イタリアを中心に、ヨーロッパ中でルネサンス文化が花開きます。ミケランジェロやドナテッロ、ラファエロ・サンツィオ、レオナルド・ダ・ヴィンチらが技を競い、彫刻だけでなく絵画や建築でも、傑作の数々を残しています。

高尚だけれども人間味のある神話のエピソードや、古代から脈々と受け継がれてきたギリシャ文化の伝統は、ルネサンス以降の芸術家の琴線も刺激してやみませんでした。私たちは、彼らの作品を通じて、いまなおギリシャ神話の神髄に触れることができるのです。

『ミロのヴィーナス』
紀元前2世紀頃、
ルーヴル美術館
（パリ、フランス）

花の女神フローラを描いた、ボッティチェッリの『プリマヴェーラ（春）』を想起させます。女性の体には、ギリシャ彫刻にみられるコントラポスト（静と動、緊張と弛緩を対比させた、S字カーブの人体表現）の影響がうかがえます。

『春（連作「四季」）より』
アルフォンス・ミュシャ
1896年、
プーシキン美術館
（モスクワ、ロシア）

オリュンポス十二神

Chapter 2

ギリシャ神話
神様図鑑

オリュンポス十二神とは？

オリュンポス山に住む神々のヒエラルキーの頂点

オリュンポス十二神とは、ギリシャの神々のなかで、最も高い位にある神のことです。ギリシャのオリュンポス山上にある豪華な館に住み、地上にいる下級の神やニンフ、人間たちの営みを見守っています。

十二神の構成には諸説ありますが、ゼウスのきょうだいのほとんどが含まれています。一般的なのはゼウス、ヘラ、アテナ、アポロン、アルテミス、アプロディテ、アレス、デメテル、ヘパイストス、ヘルメス、ポセイドンの11柱に加え、12番目にディオニュソスかヘスティアが選ばれるパターンです。ハデスが含まれたり、デメテルがはずれたりすることもあります。

オリュンポス山の館には、エロスやエオスなど、十二神を補佐する神も住んでいます。重要な決定を下す場合には、ゼウスが神々を招集し、会議をすることもありました。また、ときには館で宴会を催し、羽目をはずすこともあったようです。饗宴では、飲食すると不老不死になるアンブロシア（食べ物）とネクタル（酒）が供されていました。

なお、オリュンポス山（オリンポス山）は、ギリシャのテッサリア地方に実際にある山です。標高2917メートルもある高山で、詩人のヘシオドスは、「神統記」のなかで「雪を戴くオリュンポスの高嶺」とうたっています。オリュンポス山は、火星の最高峰やアメリカ・ワシントン州の山、光学機器メーカー「オリンパス」の語源にもなっています。

エロス（クピド）は、ゼウスにプシュケとの結婚の許しを請います。ゼウスは神々の会議を招集することにしました。翼の生えた子どもがエロス、鷲にまたがっているのがゼウスです。ギリシャの神々は、翼や鷲のような事物（アトリビュート）で判別することができます。

『クピドとプシュケの結婚』（上は部分）
ラファエロ・サンツィオ
1510～1517年、ヴィッラ・ファルネジーナ（ローマ、イタリア）

全知全能の最高神

ゼウス

Zeus　ZEYΣ

ローマ神話	英語
ユピテル Jupiter	**ジュピター** Jupiter

ゼウスは、ギリシャ神話の最高位の神です。神々の住まうオリュンポス山に君臨し、天空を支配して自然現象を意のままに操ります。雷を象徴する雷霆《らいてい》（ケラウノス）という武器を持ち、威厳を持って屹立する姿で古来神殿に祀られ、人々の信仰を集めました。

ゼウスにも両親がいます。ティタン神族のクロノスとレアです。きょうだいには妻となるヘラやポセイドンなどがいますが、ゼウスは末子とされています。クロノスは、世界の支配権が渡るのを阻止するため、生まれてすぐ、わが子を飲み込んでいました。レアはゼウスをクレタ島に隠し、クロノスには代わりに産着にくるんだ石を手渡します。このようにして難を逃れたゼウスは、成長してクロノスから覇権を奪うことになります。

人間世界も支配することになった威厳あふれる最高神ですが、一方では、非常に好色な面も持ち合わせています。ひとたび気に入れば、神であれ人間であれ、男女関係なく、策を弄して手に入れようとしたのです。

◆ゆかりの地	◆持物	◆象徴の生き物
オリュンピア、クレタ島	雷霆（ケラウノス）、笏《しゃく》	鷲

トロイア戦争の英雄アキレウスは、海のニンフであるテティスの息子です。アキレウスは、ギリシャ軍総司令官アガメムノンに屈辱的な扱いを受け、戦闘に加わらないことを決意します。そこでテティスは、ゼウス（ユピテル）に敵方・トロイア軍に味方をするように懇願しました。そうすれば、アガメムノンがアキレウスの価値を認め、謝罪をすると考えたからです。この計画は成功しました。

『ユピテルとテティス』
ドミニク・アングル
1811年、
グラネ美術館
（エクス=アン=プロヴァンス、フランス）

クレタ島で生まれたゼウス（ユピテル）は、野生の蜂蜜と、牝山羊アマルテイアの乳で育てられました。牝山羊の乳を飲んでいる幼児がゼウスです。

『ユピテルの養育』
ニコラ・プッサン
1635～1637年、
ダリッチ・ピクチャー・ギャラリー（ロンドン、イギリス）

神々が住まう神殿がある、ギリシャ中部のオリュンポス山。

クレタ島のディクティオン洞窟には、レアが夫のクロノスに隠れてゼウスを生んだという伝説が残されています。

ゆかりの人物

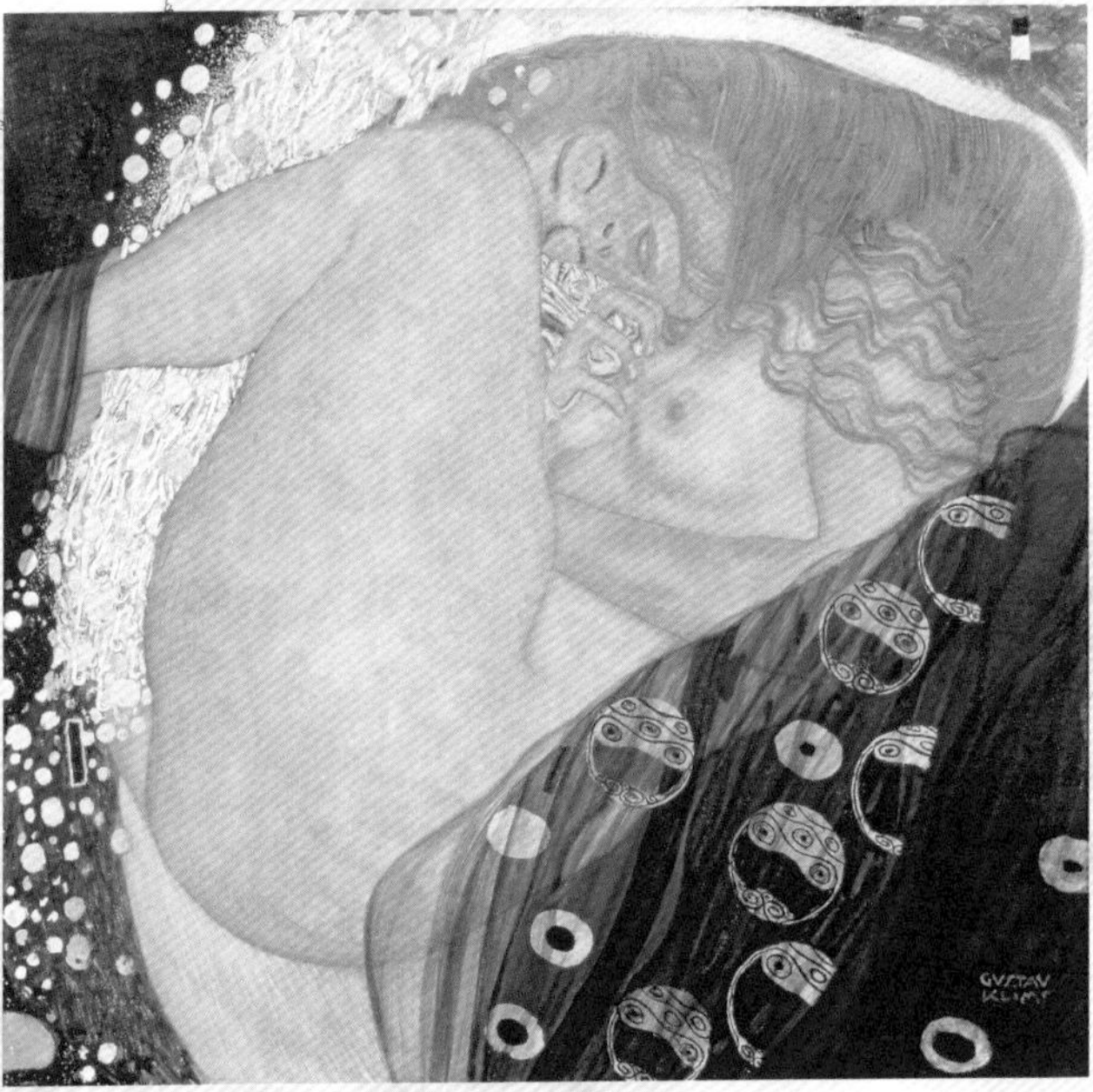

ゼウスは、動物やモノに姿を変えて女性を誘惑します。アルゴスの王女ダナエのときには、黄金の雨になりました。ダナエは妊娠し、英雄ペルセウスを生みます。両脚の間に流れこんでいるのが、黄金の雨です。

『ダナエ』
グスタフ・クリムト
1907～1908年、
ヴュルトレ画廊
（ウィーン、オーストリア）

◆エウロペ

フェニキア王の娘。牡牛の姿になったゼウスに誘拐されてしまいます。「ヨーロッパ」の語源になりました。

◆セメレ

テーバイ王の娘。ゼウスとの間にディオニュソスをもうけますが、セメレはヘラの計略で灰になってしまいます。

◆レダ

スパルタ王妃レダは、白鳥に変身したゼウスと交わり、のちにふたご座となる双子のカストルとポリュデウケスを生みます。

イオは河神ペネイオスの娘です。オウィディウスの「変身物語」によると、ゼウス（ユピテル）は、「闇をひろげて広大な地面を隠し」、逃げるイオから純潔を奪いました。

『ユピテルとイオ』
コレッジョ
1531～1532年、
ウィーン美術史美術館
（オーストリア）

少年ガニュメデスは、鷲に変身したゼウスによって、天上界に連れ去られました。そしてガニュメデスは、ゼウスに神酒（ネクタル）を供する給仕として大切にされます。鷲は「わし座」になりました。

『ガニュメデス』
ガブリエル・フェリエール
1874年、個人蔵

結婚と出産を司る天界の女王

ヘラ

Hera HPA

ローマ神話	英語
ユノ Juno	ジュノー Juno

ヘラは、ゼウスと同じ両親から生まれた姉でもあり、妻でもあります。ゼウスとヘラの結婚にはいくつかのエピソードがあります。なかでも有名なのは、ゼウスが嵐におびえた郭公《かっこう》（鳥の一種）に変身してヘラに近づいた際、ヘラがやむを得ず、結婚を条件に身を任せることを誓ったというものです。

ヘラは、多情な夫ゼウスに嫉妬して相手の女性に罰を与えることも多いのですが、自身はとても貞淑です。ほかの男神になびかず、ヘパイストスや怪物テュポンをひとりで生んだほどです。そのため「神聖な結婚」の象徴とされ、古代ギリシャで信仰を集めました。

ヘラは、ゼウスの気をひくために涙ぐましい努力をします。たとえばトロイア戦争の際、ギリシャに肩入れをするヘラは、ゼウスを味方にするべく誘惑する作戦を立てます。そのために、アプロディテから、恋情をかきたてる魔法の革帯（ケストス・ヒマース）を借り受けて身につけ、ゼウスの誘惑に成功しました。

◆ゆかりの地	◆持物	◆象徴の生き物
アルゴス、サモス島	柘榴《ざくろ》、郭公のとまった笏《しゃく》	孔雀、牝牛

イタリア、シチリア島の都市セリヌンテのヘラ神殿に施されたレリーフ。

『ゼウスとヘラ』
紀元前5世紀頃
モルミーノ財団美術館（パレルモ、シチリア）

笏を持ったヘラ（ユノ）が、象徴である孔雀とともに描かれています。

『ユノ』
ジャック・ルイ・デュボワ
1809年、
コンピエーニュ城（フランス）

エーゲ海に浮かぶサモス島には、最大級のヘラ神殿がありました。

ヘラが住んでいたとされるアルゴス（写真）やエウボイア島も、ヘラ信仰の中心地です。

ゆかりの人物

イオとゼウスの物語（→22ページ）の続きです。ヘラは、ゼウスによって美しい牝牛の姿に変えられたイオを、贈り物としてもらい受けます。

『牛に姿を変えられたイオをヘラに与えるゼウス』
ダフィット・テニールス（父）
1638年、ウィーン美術史美術館（オーストリア）

◆ カリスト

ゼウスにだまされて交わり子を生みますが、怒ったヘラは彼女を熊に変えてしまいます。そして、狩人に成長した自分の子に殺されそうになるのです。

◆ パリス

トロイアの王子。アプロディテとヘラ、アテナの三女神が美を競い、パリスはアプロディテを選びます。これが、トロイア戦争の発端となります。

ヘラは牝牛の姿をしたイオを百眼のアルゴスに見張らせますが、ゼウスがアルゴスをヘルメスに斬首させます。ヘラは、眼を孔雀の羽根につけることでアルゴスを追悼しました。

『ヘラとアルゴス』
ピーテル・パウル・ルーベンス
1610 ～1611年、
ヴァルラフ・リヒャルツ美術館
（ケルン、ドイツ）

幼児だったヘラクレスにヘラが授乳をした際、あまりの怪力で母乳がこぼれ、それが天の川になったという伝説があります。

『天の川の起源』
ティントレット
1575年頃、
ナショナル・ギャラリー
（ロンドン、イギリス）

トロイア戦争のとき、ヘラは敵方であるアイネイアスの船を沈没させるため、風神アイオロスに、暴風を起こすように命じます。右の男性がアイオロスです。

『アイオロスに嵐を起こさせるヘラ』（部分）
ドメニコ・ムッツィ
1790年頃、マルキ宮殿（パルマ、イタリア）

学芸を守護する知恵の女神

アテナ

Athena ΑΘΗΝΑ

ローマ神話	英語
ミネルウァ Minerva	ミネルヴァ Minerva

アテナは、ゼウスと女神メティスの子ですが、メティスのお腹から生まれたわけではありません。「メティスから生まれた子は非常に賢く、やがて権力を奪う」との神託を授けられたゼウスは、身ごもったメティスごと飲み込んでしまいました。ゼウスの体内で成長したアテナは、ゼウスの頭から鎧を着たまま飛び出したのです。

アテナは知恵の女神、学芸の女神として信仰されますが、同時に、気性のあらい戦争の女神でもありました。そのため、賢さの象徴である梟《ふくろう》や蛇、書物だけでなく、争いの象徴として鎧兜やアイギス(防具)を身にまとった姿でも描かれます。なお、軍神アレスが破壊をともなう戦いの神であるのに対し、アテナは正当な理由がある、知略を用いた戦いの神であるとされています。

処女神であるアテナに夫はいませんが、ヘパイストスに言い寄られた際、こぼれた精液から生まれた子エリクトニオスを、アテナが育てたという伝説もあります。エリクトニオスは、のちにアテナイ王になります。

◆ゆかりの地	◆持物	◆象徴の生き物
アテネ(アテナイ)	書物、鎧兜、オリーヴの枝	梟、蛇

英知が無知に勝ることを表現した寓意画です。鎧兜に身を包んだアテナ（ミネルウァ）が、無知を踏みつけて勝利を宣言しています。同様に、美徳の園から悪徳を追い出すアテナを描く「美徳の勝利」を主題とした絵画もあります。

『無知に勝利するミネルウァ』
バルトロメウス・スプランヘル
1580 ～1582年頃、
ウィーン美術史美術館（オーストリア）

『パリスの審判』
アンゼルム・フォイエルバッハ
1869年、
ハンブルク美術館（ドイツ）

ヘラ、アプロディテ、アテナは、羊飼いをしていたトロイア王子パリスに、3人のうちで「誰がいちばん美しいか」を選ばせました。孔雀と一緒に描かれている中央の女神がヘラ、エロスを従えた右の女神がアプロディテ、足元に武具を置いた左側の女神がアテナで、右側の男性がパリスです。

ギリシャの首都アテネの名は、アテナからとられています。都市国家アテナイは、アテナを守護神としてきました。有名なパルテノン神殿には、かつて巨大なアテナ像がありました。

ローマ市庁舎のあるカンピドリオ広場周辺は、かつてカピトリヌスと呼ばれました。この地には、ユピテル（ゼウス）、ユノ（ヘラ）、ミネルウァ（アテナ）を祀る神殿がありました。

ゆかりの人物

勝気なアラクネ（右）は、機織りでアテナと好勝負を繰り広げます。最後にはアテナに勝負を挑んだ罪の思いに耐えられずに首を吊り、女神の慈悲で蜘蛛の姿で生きることになります。

『女神アテナとアラクネ』
ルカ・ジョルダーノ
1695年、
エル・エスコリアル宮殿
（マドリード、スペイン）

◆アラクネ

アテナと機織りの腕を競うことになる高慢な人間の娘。自分の織物に、ゼウスとレダやダナエの姿など、神の堕落ぶりを織り込み、アテナの怒りを買うことになります。

◆カドモス

妹のエウロペをゼウスにさらわれたカドモスは、アテナに妹の居場所を尋ねますが、願いはかないませんでした。その代わり、神託によってテーバイを建国することになります。

眠っているゼウスの頭から、武装したアテナ（ミネルヴァ）が誕生します。

『ミネルヴァの誕生』
ルネ=アントワーヌ・ウアス
1706年、
ヴェルサイユ宮殿
（フランス）

9人姉妹の芸術の女神（ムーサ）たちを、学芸の神でもあるアテナ（ミネルヴァ）が訪ねています。

『9人のムーサを訪ねるミネルヴァ』
ヘンドリック・ファン・バーレン
1608年、個人蔵

パルテノン神殿のアテナ像を制作したのは、古代ギリシャの彫刻家ペイディアスだという説があります。アテナ像の右手に載っているのは、勝利の女神ニケです。

『アテナの像』
伝ペイディアス作の複製
紀元前448年、
アテネ国立考古学博物館
（ギリシャ）

文武に多彩な太陽神

アポロン

Apollon ΑΠΟΛΛΩΝ

ローマ神話	英語
アポロ Apollo	アポロ Apollo

アポロンは、ゼウスとレトの子で、月の女神アルテミスとは双子の兄妹の関係です。レトはエーゲ海に浮かぶデロス島で双子を生み、以来デロス島はアポロン信仰の中心地となります。アポロンの誕生にも、嫉妬深いヘラが関わっています。ヘラは、産婆の女神エイレイテュイアがレトの出産にしばらく気づかないようにしたのです。

苦しみの末に生まれたアポロンには、弓矢を駆使して巨人や大蛇といった怪物を退治する英雄的な一面と、竪琴を奏でれば右に出る者がないという芸術的な面もあります。デルポイで人々に神託を下すのもアポロンです。また、恋多き神でもありました。

アポロンは音楽の神、予言の神として、古代ギリシャで信仰されていましたが、のちに太陽神ヘリオスと同一視されるようになります。太陽神アポロ信仰は、古代ローマを中心に広まっていきました。

なおアポロンは、祖母ポイベ（レトの母）にちなんで「ポイボス・アポロン」とも呼ばれます。

◆ゆかりの地	◆持物	◆象徴の生き物
デルポイ、デロス島	弓矢、竪琴、月桂樹	狼、白鳥、蛇

このアポロン像は、古代ギリシャの彫刻家レオカレスのブロンズ像を、ローマ時代に模刻したものです。弓を射たあとの姿といわれています。右腕の下の樹木には蛇が巻きついています。蛇も、アポロンの象徴のひとつです。

『ベルヴェデーレのアポロン』
レオカレス作の複製
2世紀、
ピオ・クレメンティーノ博物館（バチカン）

「パルナッソス」は、デルポイの近くにある山のことで、神殿を清める水をたたえるカスタリアの泉があります。この絵には、中央に座すアポロンや9人のムーサたち、中央で身を横たえる泉のニンフのカスタリアらと一緒に、アポロンに書物を差し出す詩人のジャン・バッティスタ・マリーノも描かれています。

『パルナッソス』
ニコラ・プッサン
1630 ～1631年、
プラド美術館
(マドリード、スペイン)

デルポイには、神託が下るアポロン神殿のほかに、劇場や競技場もありました。

アポロンとアルテミスが生まれたデロス島には、それぞれを祀る神殿が建てられていました。

ゆかりの人物

美少年キュパリッソス（左）は、アポロン（右）が愛した人間のひとりです。金色に輝く角をもつ鹿をかわいがっていたキュパリッソスは、ある日、誤って鹿を殺してしまいます。悲しみのあまり、とうとう糸杉に姿を変えてしまいました。

『アポロンとキュパリッソス』
クロード＝マリー・デュビュッフ
1820年、カルヴェ美術館
（アヴィニョン、フランス）

◆ダプネ（ダフネ）

アポロンの初恋の相手。エロスのいたずらでアポロンを嫌うようになり、やがて月桂樹に姿を変えてしまいます。

◆ミダス

小アジアにあったフリュギアの王。音楽の技くらべでアポロンを怒らせ、ロバの耳に変えられてしまいます。

◆ヒュアキントス

アポロンの愛した少年。鉄の輪投げ遊びの最中にアポロンが誤って殺してしまい、死後にヒヤシンスになります。

アテナが投げ捨てた笛を拾った半神マルシュアスは、アポロンに音楽の腕くらべを挑みますが、敗れて生皮をはがされてしまいます。

『アポロとマルシュアス』
ヨハン・リス
1627年頃、
プーシキン美術館
（モスクワ、ロシア）

アポロンの求めに逆らって逃げた河のニンフ、ダプネ（ダフネ）。最後には父である河神に、自身の姿を変えてくれるように祈ります。そしてダプネは、月桂樹になりました。

『アポロンとダフネ』
テオドール・シャセリオー
1844 ～1845年、
ルーヴル博物館（パリ、フランス）

純潔を守る狩りと月の女神

アルテミス

Artemis ΑΡΤΕΜΙΣ

ローマ神話	英語
ディアナ Diana	ダイアナ Diana

アルテミスは、アポロンの双子の妹で、デロス島で生まれました。アルテミスには、野性的で短気な男の子のようなところがありました。矢筒を背負って弓矢を持ち、お供の若いニンフたちを従えて狩りをすることを好んだのです。アテナイでは、侍女たちを「雌熊たち」と呼んでいました。アルテミスは生涯独身の処女神で、純潔の象徴でもあります。

アルテミスの原型は、小アジア（現在のトルコ周辺）の地母神であるともいわれています。地母神とは、大地の豊饒さや生命力を神格化した女神のことで、古代ギリシャ以前から農耕文化圏で信仰されてきました。地母神の要素は、アルテミスだけではなく、ヘラやアプロディテ、デメテルなどにも見られます。

アルテミスはのちに、ローマ神話の月の女神ルナ（ギリシャ神話のセレネ）と同一視されるようになりました。ヘリオスと同一視された太陽神アポロンと、月の女神アルテミスの兄妹、というコンビが生まれたわけです。

◆ゆかりの地	◆持物	◆象徴の生き物
エペソス、デロス島	弓、矢筒	猟犬、牡鹿

猟犬をしたがえて狩りに出かけるアルテミス。月の女神でもあったため、絵画では三日月型の髪飾りをつけて描かれることが多くあります。

『狩りの女神ディアナ』フォンテーヌブロー派
1550～1560年頃
ルーヴル美術館（パリ、フランス）

『ディアナとアクタイオン』
ジュゼッペ・チェーザリ
1603～1605年、ブダペスト国立西洋美術館（ハンガリー）

狩りをしていたカドモス王の息子アクタイオンは、水浴中のアルテミス（ディアナ）とニンフたちをうっかりのぞいてしまい、怒ったアルテミスに鹿の姿に変えられてしまいます。その後、アクタイオンは、自らの猟犬に襲われて死んでしまうのです。三日月の髪飾りをつけているのが、アルテミスです。

古代都市として栄えた小アジアのエフェソス（エペソス）には、世界の七不思議に数えられるほど大きな、アルテミス神殿がありました。

アポロンとアルテミス兄妹は、デロス島のキュントス山で生まれたとされています。

ゆかりの人物

アルテミス（ディアナ）は、エンデュミオンの不死をゼウスに願いました。アルテミスは、永遠の眠りについたエンデュミオンのもとを毎晩のように訪れます。同主題はアルテミスではなく、セレネとして描かれることもあります。

『ディアナとエンデュミオン』
ルカ・ジョルダーノ
1675～1680年頃、
ワシントン・ナショナル・ギャラリー
（アメリカ）

◆アクタイオン

テーバイ王女アウトノエと、アポロンの子アリスタイオスの息子。アルテミスに鹿に変えられてしまいます。

◆エンデュミオン

アルテミスが恋に落ちる、美しい羊飼いの青年。一説にはゼウスの息子とも、孫ともいわれています。

◆カリスト

アルテミスの侍女のひとり。純潔の誓いを破って妊娠したため、アルテミスに罰せされることになります。

処女神であるアルテミスとアテナ側と、愛欲の象徴であるアプロディテとエロス側が激しく争っています。純潔側が優勢のようです。左端の武装した女性がアテナ、その隣で弓を構えるのがアルテミス、長槍を持つのがアプロディテです。

『愛欲と純潔の戦い』
ピエトロ・ペルジーノ
1503年、
ルーヴル美術館（パリ、フランス）

VENERI

心を惑わす愛と美の女神

アプロディテ

Aphrodite　ΑΦΡΟΔΙΤΗ

ローマ神話	英語
ウェヌス Venus	ヴィーナス Venus

アプロディテ（またはアフロディテ）は、ウラノスの男性器が切り取られて海に投げ捨てられたとき、そこから生じた泡から生まれました。アプロディテにはエロス（ローマ神話のクピド）とアンテロスという双子の子どもがおり、特にエロスは、侍女の三美神とともに絵画に描かれています。

アプロディテは、いろいろな持ち物を持って絵画に描かれます。たとえば、着用すると性的な魅力が備わる帯や、愛を燃え上がらせる松明《たいまつ》、赤い薔薇《ばら》や永遠の愛を象徴するギンバイカなどです。またイルカや白鳥、ホタテ貝とともに描かれる場合も多くあります。

アプロディテは、火の神ヘパイストスと結婚していますが、十二神のひとりである戦いの神アレスに魅かれています。また、愛の神だけあり、アドニスやアンキセスといった美しい人間たちにも恋をし、数々の悲劇を引き起こしています。特に、ヘラ、アテナと美しさを競い、トロイア戦争の引き金になった「パリスの審判」は有名です。

◆ゆかりの地	◆持物	◆象徴の生き物
キプロス、キュテラ島	ホタテ貝、松明、赤薔薇、ギンバイカなど	つがいの鳩、白鳥、イルカ

アプロディテ(ヴィーナス)のまわりに、エロスや三美神、トリトンのほか、イルカやホタテ貝が描かれています。

『ヴィーナスの誕生』ウィリアム・ブグロー
1879年、オルセー美術館(パリ、フランス)

『ウルカヌスに情事を発見されたヴィーナスとマルス』
ティントレット　1555年頃、アルテ・ピナコテーク（ミュンヘン、ドイツ）

アプロディテ（ヴィーナス）は、アレス（マルス）との密通の現場を、夫のヘパイストス(ウルカヌス)におさえられます。テーブルの下に隠れているのがアレスです。

アプロディテは、キプロス島のペトラ・トゥ・ロミウ海岸で誕生したといわれています。

紀元前3～紀元前2世紀に築かれた都市遺跡、アフロディシアス(トルコ)は、アプロディテ神殿を中心に発展しました。

ゆかりの人物

アドニスにすがりつくアプロディテ（ヴィーナス）とエロスが描かれています。

『ヴィーナスとアドニス』ピーテル・パウル・ルーベンス
1634～1636年頃、
メトロポリタン美術館（ニューヨーク、アメリカ）

◆アドニス

エロスの矢で傷を負ったアプロディテが恋に落ちるキプロスの美少年。

◆アンキセス

トロイアの羊飼い。アプロディテとの間に生まれた子アイネイアスは、のちにローマ人の祖先となります。

◆ピュグマリオン

アプロディテをかたどった像を妻にしたキプロス王。あわれんだ女神は、像を生身の人間にしてあげます。

『聖愛と俗愛』
ティツィアーノ・ヴェチェッリオ
1515年頃、
ボルゲーゼ美術館（ローマ、イタリア）

ふたりのアプロディテが2種類の愛を表すという思想は、15世紀のフィレンツェの人文主義者の間でもてはやされました。「聖愛＝天上の愛」は裸体で、聖なる焔の燃える愛の壺を持っています。一方、「俗愛＝地上の愛」は華やかな装いで、虚栄の象徴である宝石を身につけています。

破壊をもたらす戦争の神

アレス

Ares ΑΡΗΣ

ローマ神話	英語
マルス Mars	マーズ Mars

アレスはゼウスとヘラの息子で、ヘパイストスとは兄弟にあたります。ゼウスがひとりでアテナを生んだ一方、ヘラが生んだゼウスの子は、足の不自由なヘパイストスだけ。そこでヘラはひとりで立派な子どもを生もうとし、猛々しい軍神を身ごもることができました。

こうした因縁をもつアレスと兄ヘパイストスは、ことあるごとに衝突します。たとえば、アレスはヘパイストスを夫にもつアプロディテとの浮気の現場をヘパイストスに見つかります。

アテナも戦いの神ですが、彼女が正当な頭脳戦の守護神であるのに対して、アレスは暴力や破壊をともなう戦いを象徴する存在です。乱暴な性格のため、オリュンポスの神々のなかでは、嫌われていました。

一方、ローマの神話では、建国者ロムルスとレムスの父親とされ、軍神として信仰されていました。アレスはローマ神話ではマルスといいます。マルスは英語の3月（March）や火星（Mars）の語源となっています。

◆ゆかりの地	◆持物	◆象徴の生き物
トラキア、ローマ	兜、盾、槍、剣	狼、啄木鳥《きつつき》

戦いの神であるアレス（マルス）は、鎧や兜、武器とともに描かれます。

『マルス』
ディエゴ・ベラスケス
1640年頃、
プラド美術館（マドリード、スペイン）

アレスが生まれたトラキアには高度な文明が発達しており、ギリシャの国々のライバルでもありました。中心地だったブルガリアのカザンラクには、トラキア人の墳墓と壁画（写真はレプリカ）が残されています。

アレスは建国の英雄ロムルスとレムスの父「マルス」として、ギリシャよりローマで人気がありました。

アプロディテ（ヴィーナス）と三美神が、アレス（マルス）を非武装化している様子を描いています。「荒ぶる心」を「愛の力」がなだめるという寓意画です。

『ヴィーナスと三美神に武器を取り上げられるマルス』
ジャック＝ルイ・ダヴィッド
1824年、ベルギー王立美術館（ブリュッセル）

トロイア戦争では、人間たちだけでなく、神々も戦いました。トロイア側についたアレス（マルス）は、ギリシャ側のアテナ（ミネルウァ）に敗れます。「破壊」に対する「英知」の勝利の寓意画でもあります。

『ミネルウァとマルスの戦い』
ジャック＝ルイ・ダヴィッド
1771年、
ルーヴル美術館（パリ、フランス）

悲劇の母親となる豊穣の女神

デメテル

Demeter ΔΗΜΗΤΗΡ

ローマ神話	英語
ケレス Ceres	シアリーズ Ceres

デメテルはクロノスとレアの娘で、ゼウスの姉にあたります。一説によると「デー・メテル」には「大地・母」という意味がありました。古代より、大地から育つ穀物と農耕の神として信仰されていました。豊穣の象徴である、花や野菜の詰まった豊穣の角（コルヌコピア）を持った姿で描かれることもあります。

デメテルは、ゼウスとの間に娘ペルセポネをもうけますが、娘は冥界の王ハデスに連れ去られてしまいます。四方八方を長い間探しまわりましたが、ペルセポネは見つかりません。嘆き悲しんだデメテルが大地を責めた結果、天候が不順になって農作物が育たなくなり、家畜が病気になりました。しかし、ゼウスのとりなしもあって、デメテルはペルセポネと再会を果たします。

デメテルは1年の半分だけ、ペルセポネと暮らすことを許されました。ペルセポネは植物の種の象徴です。ペルセポネが冥界から戻ってくる日、それが春の訪れを意味するのです。

◆ゆかりの地	◆持物	◆象徴の生き物
エレウシス	穀物の穂の冠、豊穣の角（コルヌコピア）	竜、蛇

最愛の娘ペルセポネと再会を果たすデメテル。ペルセポネに付き添うのは、神々の伝令役ヘルメスです。

『ペルセポネの帰還』
フレデリック・レイトン
1890 ～1891年、リーズ美術館（イギリス）

デメテルがペルセポネ捜索の途中で立ち寄ったエレウシスは、デメテル信仰の中心地でした。デメテルに命を救われた幼児トリプトレモスは、のちにエレウシス秘教の創始者になります。

「エレウシスの秘儀」と名づけられた大理石のレリーフには、デメテル（左）、ペルセポネ（右）、トリプトレモスの姿が彫られています。エレウシスの秘儀では、死後の魂の幸福と生命の再生を祈願しました。アテネ国立考古学博物館蔵。

コルヌコピアとトウモロコシの穂を持つデメテルは、ニンフと一緒に豊作を祝っています。

『デメテルと二人のニンフ』
ピーテル・パウル・ルーベンス
1620年、
プラド美術館（マドリード、スペイン）

匠のわざで神々に尽くす

ヘパイストス

Hephaestus　ΗΦΑΙΣΤΟΣ

ローマ神話	英語
ウルカヌス Vulcanus	ヴァルカン Vulcan

ヘパイストスは、ゼウスとヘラの子で、アレスとは兄弟です。ヘパイストスは、片足が奇形、小さくてやせている、みじめ……と、神様にはふさわしくないような姿として描写されています。母親のヘラでさえ、生まれてすぐに自らの手で海中に投げ込んだほどです。ヘパイストスは、海のニンフであるテティスらに救われ、彼女の姉妹とともに育てられました。

ヘパイストスは、のちに名高い工匠となり、オリュンポスの神々の住まう宮殿や玉座、靴や二輪車（チャリオット）、武器などをつくりました。仕事道具でもある槌《つち》を使って、アテナがゼウスの頭から生まれるのを手伝ったともいわれています。このような器用さから、ヘパイストスは鍛冶屋や職人の守護神として、信仰を集めました。

また、鍛冶には火が欠かせません。そのため、ヘパイストスは火の神としても崇められます。ローマ神話上の名前ウルカヌスは、火山（英語のvolcano／ヴォルケーノ）の由来となりました。

◆ゆかりの地	◆持物	◆象徴の生き物
レムノス島、シチリア島、ヴルカーノ島	槌、鉄床《かなとこ》	なし

ヘパイストス（ウルカヌス）は、たいてい鍛冶場で仕事をしているところを描かれます。

『ウルカヌスの鍛冶場』
ピーテル・パウル・ルーベンス
1636～1638年頃、
プラド美術館
（マドリード、スペイン）

レムノス島のヘパイスティア遺跡。ヘパイストスはヘラではなくゼウスに天上から落とされたという神話もあり、その落下地点がこの島だとされています。

火山は、ヘパイストスの仕事場だとされてきました。地中海周辺には、シチリア島のエトナ山(写真)や、その名もヴルカーノ島など、火山や火山島がいくつもあります。

アプロディテ（ウェヌス）は、トロイア王家のアンキセスとの間にアイネイアスをもうけます。ヘパイストス（ウルカヌス）は、アイネイアスのために武具をつくっています。

『ウルカヌスに息子アイネイアスのために武器を作ってくれるよう頼むウェヌス』
アンソニー・ヴァン・ダイク
1630 ～1632年、
ルーヴル美術館（パリ、フランス）

多彩な顔をもつ神の伝令役

ヘルメス

Hermes ΕΡΜΗΣ

ローマ神話	英語
メルクリウス Mercurius	マーキュリー Mercury

ヘルメスは、ゼウスと、ティタン神族アトラスの娘たち（プレイアデス）のひとり、マイアの間に生まれました。ヘルメスは、生後間もない頃から少しもじっとしていることができず、悪知恵がはたらく子どもでした。生まれたその日の夕方には、アポロンの牛を盗み出したというエピソードもあります。

主役となることはあまりありませんでしたが、すばしっこく賢いヘルメスは、ゼウスをはじめとした神々の使いとして、神話のいたるところに登場します。たとえば、イオの監視に失敗したアルゴスの首をはねたり、ペルセポネを冥界から地上に連れ戻す役目を果たしたりします。

ヘルメスは、ギリシャ神話のなかでも、特にわかりやすい装いをしています。頭には丸帽子（ペタソス）をかぶり、2匹の蛇が巻きついた魔法の杖（カドゥケウス）を持ち、サンダルを履いています。これらのすべてに翼がついているのは、伝令役として天を駆けるヘルメスの敏捷性、神出鬼没ぶりを表しているのでしょう。

◆ゆかりの地	◆持物	◆象徴の生き物
テッサリア、アルカディア	翼付きのサンダル、丸帽子、魔法の杖	朱鷺《とき》、雄鶏

アプロディテのもとで、エロス(キューピッド)に読み書きを教えている場面で、ヘルメスは「雄弁」と「理性」の象徴となっています。ヘルメスは、旅人、商人、羊飼い、泥棒や賭博者の守護神でもあります。

『キューピッドの教育』
ルイ=ミシェル・ヴァン・ロー
1748年、サン・フェルナンド王立芸術院(マドリード、スペイン)

ヘルメスは、ギリシャのペロポネソス半島中央部にあるアルカディア地方で生まれ、ニンフのキュレネに育てられました。アルカディアはのちに、「理想郷」の代名詞となりました。

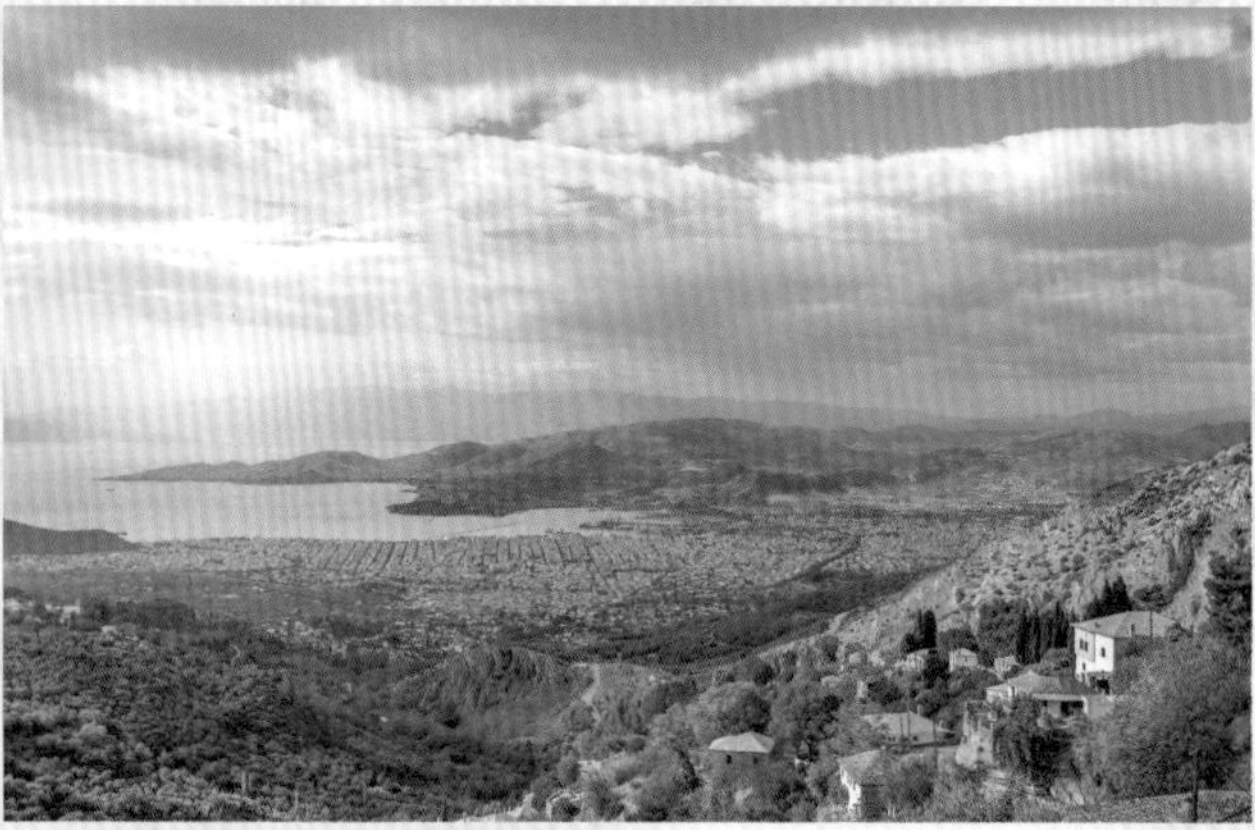

意地悪な継母イノに虐げられていたテッサリア王の子プリクソスとヘレを助けるため、ゼウスがヘルメスに命じて金毛の羊を遣わしたという伝説があります。写真は現在のテッサリア地方の都市ヴォロスの眺め。

おなじみの格好をしたヘルメス（メルクリウス）が、アテナの祭礼から帰る3人姉妹のひとり、ヘルセに出会い、恋に落ちます。嫉妬した姉妹のアグラウロスは、ヘルメスがヘルセの部屋に入るのを邪魔しようとします。しかし、ヘルメスの魔法の杖で黒い石にされてしまいます。

『メルクリウスとヘルセ』（上は部分）
ヨハン・ボックホルスト
1650～1655年、
ウィーン美術史美術館（オーストリア）

水を自由自在にあやつる海神

ポセイドン

Poseidon ΠΟΣΕΙΔΩΝ

ローマ神話	英語
ネプトゥヌス Neptunus	**ネプチューン** Neptune

ポセイドンはほかのきょうだいとともに父親のクロノスに飲みこまれましたが、弟のゼウスに救い出されました。また、クロノスに隠れて母親のレアがロドス島で生み落としたという異説もあります。ポセイドンは、海の神オケアノスの娘カペイラと、妖術に通じたテルキネスに養育されました。のちにその象徴となる三叉の戟《げき》(トライデント)は、テルキネスの作です。

もともと「水」を司っていたのは、ティタン神族のオケアノスとテテュスですが、ゼウスたちとティタン神族の戦いののち、権限がポセイドンと妻アンピトリテに移されました。逆鱗に触れると、戟をふるって海を荒らしたため、人々から恐れられました。

意外なことに、ポセイドンは馬の守護神でもあります。デメテルのことが気に入り、贈り物として馬を創造したためです。ポセイドン自身は、上半身が馬、下半身が蛇もしくは魚の姿をした海馬(ヒッポカンポイ)がひく凱旋車に乗って海を移動していました。

◆ゆかりの地	◆持物	◆象徴の生き物
コリントス、スニオン岬	三叉の戟	馬、イルカ

水を司るポセイドン（ネプトゥヌス）は、噴水の彫刻のモチーフとして非常に人気があります。ローマでは、ポポロ広場やナヴォーナ広場のほか、有名なトレビの泉の彫刻にも、ポセイドンが登場します。

ネプチューンの噴水のポセイドン像
ポポロ広場
（ローマ、イタリア）

海上交易で栄えたコリントスは、海の神ポセイドンを篤く信仰していました。現在、ギリシャ本土とペロポネソス半島を結ぶ地峡には、コリントス運河が通っています。

スニオン岬のポセイドン神殿。アテネのあるアッティカ半島の先端にあり、夕陽の名所としても有名です。

ゆかりの人物

好色なサテュロスに言い寄られているアミュモネを、ポセイドン（ネプトゥヌス）が救う場面を描いています。

『ネプトゥヌスとアミュモネ』
シャルル＝アンドレ・ヴァン・ロー
1757年、
ルーヴル美術館（パリ、フランス）

◆アミュモネ

アルゴス王ダナオスの娘。干ばつを救うために、ポセイドンの戟で地面を突き、泉を湧き出させたことがあります。

◆カイニス

ポセイドンに凌辱されたテッサリアの美貌の少女。辛い思いを二度としないように願い、男性になりました。

◆コロニス

ポセイドンに迫られましたが、逃れようとする彼女の願いをアテナが聞き入れ、鴉（からす）に変身させました。

海馬のひく凱旋車に乗ったポセイドン（ネプトゥヌス）が、花嫁となるべきニンフ、アンピトリテを迎えています。

『ネプトゥヌスの凱旋』（部分）
ルカ・ジョルダーノ
1682年、マージ礼拝堂
（フィレンツェ、イタリア）

熱狂的な信徒をもつ酒の神

ディオニュソス

Dionysus ΔΙΟΝΥΣΟΣ

ローマ神話	英語
バックス Bacchus	バッカス Bacchus

あまたのゼウスの子どもたちのなかで、末っ子だとされているのがディオニュソスです。母親は、テーバイ王カドモスの娘セメレです。つまり、ディオニュソスは片親が人間の「半神」なのです。セメレは嫉妬したヘラにだまされ、願いごととしてゼウスに「天上の光輝」を求めました。願いは叶いますが、人間であるセメレはその輝きに耐えられず、灰になってしまいます。

救い出されたディオニュソスは、ニンフに育てられ成長します。やがて、葡萄栽培やワイン醸造の方法を発見。アジアを含め世界中を放浪し、信徒を増やしていきます。飲酒や舞踏をともなう狂乱の信仰は、異端とされることも少なくありませんでした。

「浮浪人」「狂人」とも表現されるディオニュソスは、半裸で、先端に松かさのついた杖（テュルソス）を持ち、豹や山羊にひかれた凱旋車に誇らしげに乗っています。また、従者（マイナス）たち、サテュロス、シレノスを連れて、にぎやかに登場します。

◆ゆかりの地	◆持物	◆象徴の生き物
ナクソス島など	葡萄、蔦、杖、酒杯	豹、山羊

ディオニュソス（バッカス）は、巻き毛で、ふっくらとした子どもの姿で描かれることが少なくありません。やがて酒の神となり、世界中を放浪する奔放な一面が垣間見える作品です。

『酒を飲むバッカス』
グイド・レーニ
1623年頃、アルテ・マイスター絵画館（ドレスデン、ドイツ）

母親の故郷テーバイを追い出されたディオニュソスは、ナクソス島にたどり着きます。

ポンペイ遺跡の「秘儀荘」には、ディオニュソス信仰への入信の儀式を描いたとされる壁画が残されています。「ポンペイレッド」と呼ばれる鮮やかな赤が印象的です。

ゆかりの人物

テセウスに置いていかれて嘆き悲しむアリアドネを、ディオニュソス（バッコス）がなぐさめ、救出します。

『バッコスとアリアドネ』
グイド・レーニ
1619～1620年、
ロサンゼルス・カウンティ美術館
（アメリカ）

◆アリアドネ

クレタ島のミノス王の娘。英雄テセウスが迷宮のミノタウロスを退治する際、糸玉の糸を使って彼を脱出させて、一緒に島を出ましたが、ナクソス島に置きざりされてしまいます。

◆ミダス

リュディア王。ディオニュソスの恩人シレノスを救った謝礼として、触れたものすべてを黄金に変える力を授けられます。

ディオニュソス（バッコス）とその取り巻きとともに、古代ギリシャの抒情詩人アナクレオンが描かれています。アナクレオンは、飲酒にまつわる詩で知られていました。中央の虎の毛皮を着た子どもがディオニュソスで、竪琴を弾いているのがアナクレオンです。

『バッコスとアナクレオン』
ジャン=レオン・ジェローム
1848年、オーギュスタン美術館
（トゥールーズ、フランス）

家庭を守る竈の女神

ヘスティア

Hestia ΕΣΤΙΑ

ローマ神話	英語
ウェスタ Vesta	ヴェスタ Vesta

クロノスとレアの子のなかで最初に生まれたのが、竈《かまど》の女神ヘスティアです。にもかかわらず、神話にはほとんど登場しません。数少ない例として、古代ローマの祝日や祭礼を、起源となる神話とともに紹介した「祭暦」（オウィディウス）に、巨大な男根を持つ生殖の神プリアポスが眠っているヘスティア（ローマ神話のウェスタ）を襲おうとしたところ、ロバがいなないたため目を覚まして未遂に終わったという話が紹介されています。

ヘスティアは、ギリシャよりローマで崇拝されていました。ローマにはウェスタ神殿があり、女神の肖像を刻んだ貨幣が流通していたほどです。ウェスタ神殿には、「ウェスタの巫女」と呼ばれる女祭司がいて、女神に捧げる火を絶やさないように見守っていました。ウェスタの巫女には、奇跡で身の潔白を証明したトゥッキアとクララ、ロムルスとレムスの母であるレア・シルウィアがいます。

なおヘスティアは、ディオニュソスの代わりにオリュンポス十二神に含まれることがあります。

◆ゆかりの地	◆持物	◆象徴の生き物
ローマ	炉、聖火	ロバ

美術作品では、ヘスティア（ウェスタ）そのものではなく、ウェスタの巫女が描かれることがほとんどです。たとえば、姦淫を疑われたローマの巫女トゥッキアは、篩（ふるい）の水をこぼさずに運ぶことで、潔白を証明しました。

『ウェスタの巫女』
ジョゼフ・チャールズ・マリン
1791～1795年頃、
ロサンゼルス・カウンティ美術館（アメリカ）

コラム

星座と神々

星座はメソポタミア生まれ 20世紀に88個に整理された

　夜空に輝く星々（恒星）をつなげて、神話の登場人物、動物、物の姿かたちに見立てたものが「星座」です。世界で最初に星座をつくったのは、およそ五千年前のメソポタミア（現在のイラク周辺）に住む人たちです。そして紀元前2世紀頃、黄道《こうどう》十二星座が生まれました。「黄道」は太陽の通り道のことです。その道に沿って並ぶ星座は13ありますが、「へびつかい座」をのぞく12の星座が黄道十二星座になりました。

　星座はメソポタミアからギリシャに伝わり、天文学者によって整理・統合されていきます。2世紀には、プトレマイオスが著書「アルマゲスト」のなかで、48星座を提唱します。

　時代は下って15世紀の大航海時代。人々は南半球を旅するようになり、それまで観察できなかった星座を発見することになります。以降、さまざまな知識人が自由に星座を命名する時代が続きます。その事態が収拾したのは、1930年になってから。国際天文学連合によ

『黄道十二宮』
アルフォンス・ミュシャ
1896年、ハンブルク美術工芸博物館（ドイツ）

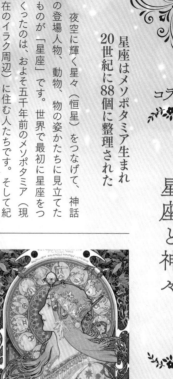

り88の星座が設定され、それが現在も続いているのです。

神話の神々や英雄のほか、活躍した船までが星座に

古代ギリシャの人々は、星座と、神話の神々や英雄たちの物語を結びつけて伝承してきました。黄道十二星座のいくつかも、神話がもとになっています。たとえば「おうし座」はエウロペを誘拐するためにゼウスが変身した牡牛（↓P21）で、「おとめ座」はデメテルの娘ペルセポネ（↓P126）です。また、リボンでつながった2匹の魚「うお座」は、怪物に驚いて川に逃げたアプロディテとエロス母子の姿です。

ヘラクレスやオリオン、ペルセウスとアンドロメダ、カストルとポリュデウケス（ふたご座）といった英雄譚の主人公たちだけではなく、イアソンらが乗り込んだアルゴ号でさえ、星座になっているほどです（「とも座」「りゅうこつ座」「ほ座」「らしんばん座」）。

『コルキスを発つアルゴ号』
1480年頃、エルコレ・デ・ロベルティ
ティッセン＝ボルネミッサ美術館
（マドリード、スペイン）

神から生まれたアテナイ王が武勲をたてて星座になる

ここで、あまり知られていない星座を紹介しましょう。冬空に輝く1等星カペラを含む「ぎょしゃ座」の物語です。

アテナはある日、ヘパイストスの工房を訪れ、そこでヘパイストスに言い寄られます。アテナは嫌がって逃げますが、追いかけるヘパイストスの精液から、エリクトニオスという男の子が生まれました。アテナは、エリクトニオスを箱に入れ、中身を知らせずにアテナイ王ケクロプスの3人の娘に託しました。箱の中をのぞいた娘たちは驚きます。蛇に巻きつかれた赤ん坊が入っていたのです。娘たちはショックで気が狂ってしまいます。

エリクトニオスは立派に育ち、のちにアテナイ王になりますが、生まれつき足が不自由でした。戦場で戦うときは、自ら発明した四輪馬車に乗り込み、数々の武勲をたてました。ゼウスは功績をたたえて、エリクトニオスを「ぎょしゃ座」にしたとされています。

星座にまつわる神々の物語は、本編でも紹介していますので、参照してください。

『エリクトニオスを発見したケクロプスの娘たち』
ヤーコブ・ヨルダーンス
1640年、ウィーン美術史美術館（オーストリア）

ティタン神族

Chapter 3

ギリシャ神話
神様図鑑

ティタン神族とは？

オリュンポス十二神以前の神々 ゼウスらと争って幽閉される

ティタン神族は、オリュンポス十二神以前に世界を支配していた古い神の一族です。天空の神ウラノスと大地の神ガイア、および彼らの生んだ12柱の神のことを指します。12柱は通常、6柱の男神（オケアノス、コイオス、クリオス、ヒュペリオン、イアペトス、クロノス）と6柱の女神（テイア、レア、テミス、ムネモシュネ、ポイベ、テテュス）で構成されます。

異説もあり、たとえばヘシオドスは「神統記」のなかで、ギュゲス、ブリアレオス、コットスという怪物たちと、アルゲス、ステロペス、ブロンテスというひとつ目の巨人たちを含めて、ティタン神族としています。

クロノスとレアの間には、ポセイドンやヘラといった子どもたちが生まれます。しかし、クロノスは「わが子が世界の支配権を奪う」という予言をおそれ、子どもたちを次々に飲み込んでしまいました。

レアの機転で難を逃れ、無事に生まれた末子のゼウス（↓P16）は、きょうだいたちを吐き出させることに成功します。

そして、クロノスらティタン神族とゼウスたちの間で、「ティタノマキア」という戦争が勃発します。結果はゼウス側の勝利。ティタン神族は、冥界より深いところにあるタルタロス（奈落）に幽閉されることになりました。

ティタンは英語で「タイタン」です。土星の衛星やスーパーコンピュータ、ロケット、元素チタンの名前の由来になりました。

宮殿の「巨人族の間」に描かれた天井画です。雷霆（らいてい）をもったゼウスが率いる神々が、ティタン神族と戦う様子が描かれています。

『神々と巨人族の戦い』（部分）
ジュリオ・ロマーノ
1532～1534年、
パラッツォ・デル・テ（マントヴァ、イタリア）

すべての母である大地の女神

ガイア

Gaea ΓΑΙΑ

ローマ神話	英語
テッルス Tellus	**テラス** Tellus

ギリシャの創成神話は、「原初神」からはじまります。原初神は、カオス（混沌）、ガイア（大地）、タルタロス（奈落）、エロス（性愛）の4柱です。これらの神は最初にあったとされ、何者かから生まれたわけではありません。

ヘシオドスの「神統記」では、ガイアを「雪を戴《いただ》くオリュンポスの頂きに宮居《みやい》する八百万《やおよろず》の神々の常久《とこしえ》に揺ぎない御座《みくら》なる大地」と表現しています。すべての神々の母であることが暗示されているのです。

ガイアには、ひとりで生んだウラノスとポントス（原初の海神）に加えて、ウラノスとの間にたくさんの子をもうけます。オケアノス、レイア、テミス、クロノス、テテュス、ムネモシュネ……のほか、ひとつ目のキュクロプスたちや、100の腕と50の首を持つヘカトンケイルたちです。またポントスとの間にも、タウマスとポルキュスという海にゆかりの神を生んでいます。

大地の豊饒性、生命力を神格化した「地母神」という存在は、世界中の創生神話に見られます。

◆ゆかりの地	◆持物	◆象徴の生き物
デルポイ	地球儀	なし

地球を手のひらで支えるガイアのほかに、花の女神フローラや大鎌を持つクロノスなども描かれている宮殿の天井フレスコ画です。

『時と光の寓意』(部分)
フランツ・アントン・マウルベルチュ
1765年、
ハルブトゥルン城（オーストリア）

原初の天空の神

ウラノス

Uranus　ΟΥΡΑΝΟΣ

ローマ神話	英語
カエルス Caelus	ユラナス Ouranos

ヘシオドスの「神統記」によると、「大地（ガイア）は まずはじめに彼女自身と同じ大きさの 星散乱《ちりぼ》える天（ウラノス）を生んだ 天が彼女をすっかり覆いつくし幸《さきわ》う神々の 常久《とこしえ》に揺ぎない御座《みくら》になるようにと」とあります。ガイアはウラノスにとって母でもあり、妻でもあることが示唆されています。その後、ウラノスとガイアには、たくさんの子どもが誕生します。

ところがウラノスは子どもたちを嫌い、光を見せまいと大地の奥深くに隠します。悲しんだガイアは、子どもたちに相談。末っ子のクロノスが、大鎌を使ってウラノスの男根を切断してしまいます。血潮からは、復讐の女神たち（エリニュエス）、武装した巨人族（ギガデス）、トネリコのニンフたち（メリアイ）といった別の子どもが生まれます。また、海に落ちた男根は、アプロディテ誕生のきっかけになりました。ちなみにメリアイからは人間の種族が生まれたとされていますので、ウラノスは人類の祖でもあるといえるでしょう。

◆ゆかりの地	◆持物	◆象徴の生き物
なし	天球儀	なし

ウラノスはガイアのもとを訪れるとき、星々を散りばめた夜を引き連れてやってきました。

『ウラノスと踊る星々』
カール・フリードリッヒ・シンケル
1831年、国立版画素描館（ドレスデン、ドイツ）

ウラノスは、わが子クロノスによって去勢されてしまいます。宇宙の象徴として、渾天儀（こんてんぎ）が描かれています。

『クロノスに去勢されるウラノス』
ジョルジョ・ヴァザーリ
1555年、ヴェッキオ宮殿（フィレンツェ、イタリア）

ウラノスとゼウスをつなぐ神

クロノス

Kronus ΚΡΟΝΟΣ

ローマ神話	英語
サトゥルヌス Saturnus	サターン Saturn

ウラノスとガイアの間に生まれたティタン神族の末っ子が、クロノスです。クロノスは、みずからの権威を脅かす存在になることを恐れ、自分の子どもたちを次々に飲み込んでしまいました。両親であるウラノスとガイアから、そのように聞かされていたからともいわれています。この一連の神話のなかでもっとも有名なのが、ゼウスの誕生秘話です。

成長したゼウスは母親のレアの助力を得て、クロノスが飲み込んだ子どもたちを吐き出させることに成功します。その後、ティタノマキア、ギガントマキアと呼ばれる2度の大戦を経て、ウラノスからクロノス、そしてゼウスへの権力の移行が完了しました。

クロノスの神話といえば、ウラノスの去勢や、わが子を飲み込む場面が知られていますが、ローマ神話の農耕の神サトゥルヌスと同一視されたため、大鎌や杖を携えた白髪の老人の姿で登場します。また、のちに「時の翁《おきな》（時間の擬人像）」とも同一視されました。

◆ゆかりの地	◆持物	◆象徴の生き物
なし	大鎌、杖、翼、砂時計	なし

神話では、クロノス（サトゥルヌス）はわが子を「飲み込む」のですが、ルーベンスのこの作品では、よりドラマチックに、食いちぎる表現になっています。ゴヤの同名の作品も、この表現にならっています。

『我が子を食らうサトゥルヌス』
ピーテル・パウル・ルーベンス
1636 ～1638年、
プラド美術館
（マドリード、スペイン）

英知（アテナ／ミネルウァ）と時間（クロノス／サトゥルヌス）が、左手に見える「妬み」や「嘘」からふたりの幼児（芸術と科学）を守っている寓意画です。

『芸術と科学を守護するミネルウァとサトゥルヌス』
ヨアヒム・フォン・ザンドラルト
1644年、
ウィーン美術史美術館（オーストリア）

人間を創造した神

プロメテウス

Prometheus ΠΡΟΜΗΘΕΥΣ

ローマ神話	英語
プロメテウス Prometheus	プロミーシウス Prometheus

プロメテウスは、イアペトスとクリュメネの間に生まれました。メノイティオス、エピメテウス、アトラスとは兄弟で、ガイアとウラノスの曾孫の世代にあたります。

プロメテウスと弟のエピメテウスは、ゼウスから、人間をはじめとした「すべての動物を製造する」という大切な役目を与えられました。動物たちに、生きるために必要な力や知恵、また蹄《ひづめ》や殻といった身体的な特徴を次々に与えていきます。ところが、いざ人間の番になると、与えるものがなくなっていることに気づきました。

そこでプロメテウスは、太陽の凱旋車から火を盗み、人間に与えます。人間は火のおかげで、栄えることができたのです。ところがプロメテウスは、火を盗んだ罰として、未来永劫、禿鷹に肝臓をついばまれることになります。プロメテウスが繋がれたのは、現在のコーカサス山脈だといわれています。なおエピメテウスには、ゼウスから最初の女性パンドラが与えられます。のちに彼女は人類に「禍《わざわ》い」をもたらすことになります。

◆ゆかりの地	◆持物	◆象徴の生き物
コーカサス山脈	松明	禿鷹

プロメテウスは、太陽の凱旋車から松明に火を移し、人間に与えました。火のおかげで、人間は暖をとり、調理し、鉄を鍛えて道具をつくれるようになりました。

『プロメテウス』
ピーテル・パウル・ルーベンス／ヤン・コシエール
1637年頃、
プラド美術館
（マドリード、スペイン）

プロメテウスとエピメテウスの兄弟は、神々の姿に似せて、粘土で人間をつくりました。ただし、男性のみです。人間の創造には、アテナが力を貸したともいわれています。

『プロメーテウス神話』（上は全体）
ピエロ・ディ・コジモ
1510 ～1520年、
アルテ・ピナコテーク
（ミュンヘン、ドイツ）

プロメテウスは、岩山に鎖でつながれ、鷲（神話では禿鷹）に肝臓をついばまれています。肝臓は夜になるともとに戻るため、この責め苦は永遠に続いたといいます。

『鷲に肝臓をついばまれるプロメテウス』
ピーテル・パウル・ルーベンス／フランス・スナイデルス
1610～1611年頃、
フィラデルフィア美術館（アメリカ）

永遠に天空を支え続ける巨人

アトラス

Atlas ΑΤΛΑΣ

ローマ神話	英語
アトラス Atlas	**アトラス** Atlas

アトラスはイアペトスとクリュメネの息子で、プロメテウスとは兄弟です。ゼウスらとティタン神族との間の戦争（ティタノマキア）で敗れた巨人の多くは、タルタロスに閉じ込められますが、アトラスだけは、天空（蒼穹《そうきゅう》）を永久に支えるという罰を受けることになりました。

天空を支える姿が有名ですが、アトラスは神話の随所に登場します。たとえば、パエトンがアポロンの凱旋車を御しきれずに暴走したときは、その暑さに耐えられず、支えている天空を危うく落としそうになります。

あるときには、自分の所領へスペリデスの園で英雄ペルセウスが休憩するのを断ったため、メドゥサの首で石にされます。アトラスの体はあまりに巨大であり、その石は北アフリカのモロッコに横たわるアトラス山脈になったといわれています。

また、ヘスペリデスの黄金のリンゴを欲しがったヘラクレスが、一時的にアトラスに代わって天空を支えたこともありました。

◆ゆかりの地	◆持物	◆象徴の生き物
アトラス山脈	天空	なし

天空を支えるアトラス。兄弟のうちプロメテウスは、ギリシャ世界にとっての東端であるコーカサス地方、アトラスは西端のモロッコで、ともに罰を受けていることになります。

『アトラス』
グエルチーノ
1645～1646年、
バルディーニ美術館
（フィレンツェ、イタリア）

アトラスは、天体を支えたまま、見る者すべてを石に変えるメドゥサの首で、石に変えられてしまいます。右側に描かれているのは、メドゥサを退治して帰途につくペルセウス。ヘルメスから授けられた翼のついたサンダルで、空を飛んでいます。

『石になったアトラス』
エドワード・バーン＝ジョーンズ
1876年頃、
サウザンプトン市立美術館
（イギリス）

ナサニエル・ホーソーンの児童書「ワンダー・ブック」の挿絵です。巨大なアトラスの肩代わりをする英雄ヘラクレスが描かれています。

『アトラスを助けるヘラクレス』
アーサー・ラッカム
1922年

子だくさんな大洋の神

◆オケアノス

天空の神ウラノスと大地の女神ガイアの子。ティタン神族のテテュスとの間に、数千もの河の神や海のニンフ（オケアニデス）をもうけました。大洋を表す英語ocean（オーシャン）は、この神に由来します。

異民族の響きをもつ神

◆イアペトス

ウラノスとガイアの子。オケアニデスのひとり・クリュメネとの間に、アトラス、プロメテウスなどが誕生しました。古代ギリシャ的ではない名前の響きから、神話学者のケレーニイは、異民族の神である可能性を指摘しています。

太陽や月の父となった神

◆ヒュペリオン

ウラノスとガイアの子。同じティタン神族のテイアとの間に、ヘリオス（太陽）、セレネ（月）、エオス（曙）をもうけました。太古の太陽神として崇拝されましたが、その所領はのちにアポロンへと受け継がれていきます。

オリュンポスの神々の生みの親

◆レア

ウラノスとガイアの子で、クロノスの妻。ゼウスやポセイドン、ヘラ、デメテルらを生みました。ガイアの助言のおかげで、末子のゼウスはクロノスに飲み込まれずに済み、無事に成長を遂げました。地母神のひとりともされています。

芸術の源泉となる記憶の女神

◆ムネモシュネ

ウラノスとガイアの子。ゼウスと9夜にわたって添い寝をし、9人の芸術の女神ムーサたち（↓P216）を生みました。記憶の女神とされ、ムーサたちとともに、学問や芸能を生業とする人々の崇敬を集めました。

法と掟をつかさどる女神

◆テミス

ウラノスとガイアの子。ゼウスの妻となり、時間の女神ホーラたち（↓P224）や運命の女神モイラたち（↓P220）を生みました。法や掟を擬人化した神として信仰され、剣や天秤を持って描かれることもあります。

コラム

ギリシャ神話とローマ神話

支配する側のローマも ギリシャ文化の影響を受ける

古代ギリシャの都市国家は、アレクサンドロス大王による統一を経て、紀元前2世紀頃、勢力を伸ばしてきたローマの支配下に入ります。古代ローマ発祥の地でもあるイタリア半島には、もともと信仰されている神がいましたが、ギリシャ文化の影響は絶大で、やがてギリシャの神々とローマ固有の神々の物語が同化していきました。たとえばゼウスはユピテルの、アルテミスはディアナの神話と重なっていったのです。

古代ローマが共和制から帝政になると、神々は、畏怖の対象としてあがめられる対象から、

PUBLII OVIDII
NASONIS
METAMORPHOSEON,
LIBER NONUS.

FABULA PRIMA.
Acheloi cum Hercule lucta.

QUÆ gemitûs truncæque Deo Neptunius heros
Causa rogat frontis; cum sic Calydonius Amnis
Cœpit, inornatos redimitus arundine crines.
Triste petis munus: quis enim sua prælia victus

LES

18世紀に出版されたオウィディウス「変身物語」の表紙

エトルリア文明の時代のヤヌス像の頭部
ヴィラ・ジュリア国立博物館（ローマ、イタリア）

恋愛物語の主人公に変質していきました。この時期に、「アエネーイス」を著したウェルギリウスや、「変身物語」を著したオウィディウスが登場します。彼らの作品に登場する人間味のある神々は、後世の芸術家たちのインスピレーションの源となりました。

ヤヌスやクイリヌスなど ローマ固有の神話も残る

多くのローマの神々がギリシャの神々と同化していきましたが、いくつかの神には、ローマ固有の伝承が残されています。

たとえば、ヤヌス（Janus）は天界の門衛です。門前の道を見据える2つの顔を持っていて、門の守護神として信仰されました。1年の始まりを告げるともされ、1月（January）の語源になっています。

『ロムルスとレムスの発見』
ピーテル・パウル・ルーベンス
1612～1613年頃、
カピトリーノ美術館（ローマ、イタリア）

双子のロムルス（Romulus）とレムス（Remus）は、マルスを父親に持つ半神です。双子の母親は貞節を誓った巫女《みこ》レア・シルウィアでしたが、当地の王アムリウスは出産を許さず、双子を川に流してしまいます。双子は、雌狼に育てられて成長し、のちにローマ建国の英雄になりました。

クイリヌス（Ｑｕｉｒｉｎｕｓ）は、双子のひとりロムルスが天に昇って神になったものです。ユピテル、マルス（ギリシャ神話のアレス）とともにローマの三大主神とされています。イタリアの大統領官邸（クイリナーレ宮殿）のあるクイリナーレの丘には、クイリヌスを祀る神殿があったとされています。

ギリシャとローマの神話をまとめたブルフィンチの「ギリシア・ローマ神話」には、ほかにも、戦争の女神ベロナ、土地境界の神テルミヌス、家畜や牧場の女神パレス、果樹の女神パモナ、出産の女神ルキナなどが挙げられています。

また、花の女神フローラや竈《かまど》の女神ウェスタなど、ギリシャ神話にも同様の存在がいながらも、ギリシャよりもローマで篤く信仰された神もいます。このように、ギリシャとローマの神々は、混然一体となって、その魅力を現在に伝えているのです。

クイリナーレ宮殿とクイリナーレ広場
（ローマ、イタリア）

十二神を取り巻く神

Chapter 4

ギリシャ神話
神様図鑑

冥界を治めるゼウスの兄

ハデス

Hades ΑΔΗΣ

ローマ神話	英語
プルート Pluto	プルート Pluto

ハデスは、ゼウスやポセイドンと両親を同じくする兄弟ではありますが、オリュンポス山には住んでいません。三兄弟が世界を三分して支配領域を決める際、ハデスが地下の冥界を選んだためです。神話学者のケレーニイは、ハデスの古い呼び名の「アイス」「アイデス」には「目に見えないもの」という意味が認められると言及しています。古代の陶器には、頭を後ろ向きにしたハデスが描かれており、生きている者には姿が見えない死者の国の王であることが象徴的に表現されています。

ハデスは神話の主人公になることはあまりなく、ペルセポネやオルペウスとともに登場します。冥界から想像するような恐ろしい姿ではなく、たいていは冠をかぶった王者として描かれます。

ところで、冥界とはどんなところなのでしょうか。冥界は死者が復活を待つ場所であり、母胎の象徴とみなされることもあります。なお冥界の下には、巨人たちが幽閉されているタルタロス（奈落）があります。

◆ゆかりの地	◆持物	◆象徴の生き物
なし	二叉の槍、冠	番犬ケルベロス

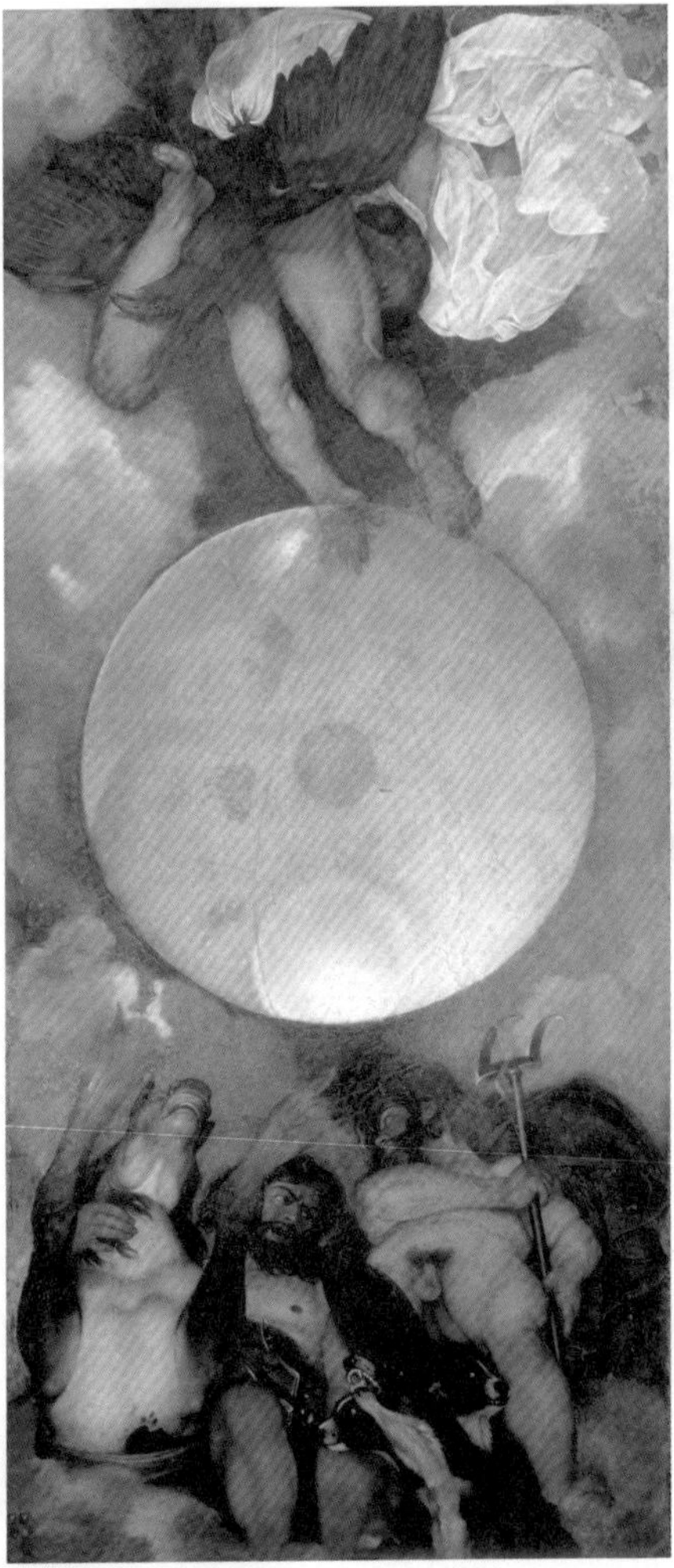

上部に鷲をともなったゼウス（ユピテル）、下部にはヒッポカンポイを連れたポセイドン（ネプトゥヌス）と、二叉の槍を持ったハデス（プルート）が描かれています。

『ユピテル、ネプトゥヌスとプルート』
ミケランジェロ・メリージ・ダ・カラヴァッジョ
1597～1600年頃
ヴィラ・ルドヴィージ
（ローマ、イタリア）

ペルセポネ（プロセルピナ）は、ハデス（プルート）にさらわれたのち冥界の王妃になりました。詩人オルペウス（オルフェウス）は、蛇に噛まれて亡くなったエウリュディケを取り戻すために冥界を訪れ、ふたりを説得します。

『プルートとプロセルピナの前のオルフェウス』
フランソワ・ペリエ
1645年、
ルーヴル美術館（パリ、フランス）

ダンテの「神曲」の挿絵です。冥界の境界にはステュクス川が流れていて、渡し守のカロンが死者の霊を冥界まで運びます。カロンは髭の老人の姿で描かれます。

『カロン』
ギュスターヴ・ドレ
1861年

地上に春をもたらす冥界の王妃

ペルセポネ

Persephone ΠΕΡΣΕΦΟΝΗ

ローマ神話	英語
プロセルピナ Proserpina	**パーセフォン** Persephone

ペルセポネは、オリュンポス十二神のひとりであるデメテルと、ゼウスとの間に生まれました。ある日、エロスの愛の矢に射られたハデスは、仲間たちと一緒に森の中で花を摘んでいたペルセポネを見そめ、強引に自分の支配する冥界に連れて行ってしまいました。

母親のデメテルはペルセポネを探しまわります。やがて居場所を突き止めますが、ペルセポネはすでにハデスと結婚し、冥界の王妃になっていました。食べると地上に戻れないという、禁断の柘榴《ざくろ》の実を食べてしまったためです。これをハデスに告げ口したアスカラポスは、ペルセポネによってミミズクに姿を変えられました。

ところがハデスは、ペルセポネが1年のうち半年だけ（3分の2という説もあります）、地上の母親のもとで暮らすことを許しました。この神話が、1年に「季節」があることの理由づけになっています。

なお、黄道《こうどう》十二星座の「おとめ座」になったのは、ペルセポネだともいわれています。

◆ゆかりの地	◆持物	◆象徴の生き物
エレウシス	柘榴	なし

ペルセポネ（プロセルピナ）が柘榴を手にしています。柘榴は、丈夫な果皮がたくさんの種を包んでいることから、多産や豊穣の象徴とされています。またのちにはキリスト復活の象徴にもなり、幼子イエスが柘榴を手に描かれたりもしました。

『プロセルピナ』
ダンテ・ガブリエル・ロセッティ
1874年、テート・ブリテン
（ロンドン、イギリス）

『ペルセポネの略奪』
ヨーゼフ・ハインツ
1595年、アルテ・マイスター絵画館（ドレスデン、ドイツ）

ハデスに連れ去られようとしているペルセポネを描いた絵画は少なくありません。ここでは、凱旋車に乗ったハデスに抱きかかえられるペルセポネや、慌てふためくお供の乙女たちが描かれています。

3つの世界を統べる謎めいた女神

ヘカテ

Hekate ΕΚΑΤΗ

ローマ神話	英語
トリウィア Trivia	トリヴィア Trivia

ギリシャの神々の系譜をまとめたヘシオドスの「神統記」によると、ヘカテは、ともにティタン神族の血をひくペルセスとアステリアの娘で、ガイアの曾孫にあたります。アポロンとアルテミスの「いとこ」になります。

ギリシャ神話にはあまり登場しませんが、「神統記」には「ヘカテ頌《しょう》」というヘカテを称える歌があり、ある時代、ヘカテが非常に敬われていたことがうかがえます。その頌歌《しょうか》によると、ヘカテはゼウスに大地と大洋を領分として与えられ、天にも特権を与えられたとされています。神話学者のケレーニイはこれを、ゼウスがティタン神族から覇権を奪ったのちもヘカテからは権能を奪わなかったことのあらわれだとしています。

ヘカテは、天・地・海を象徴する3つの頭と3つの体をもつ、特異な姿をしています。松明《たいまつ》を片手にお産を見守る出産の女神、魔術の女神として信仰されるほか、女神の姿をかたどった像は家の戸口や三差路に立てられ、ギリシャの民を見守っていたといわれています。

◆ゆかりの地	◆持物	◆象徴の生き物
なし	松明	牝犬、牝馬、牝狼

3つの体をもつヘカテが聖書に手を置いています。コウモリやフクロウ、ヘビといった暗闇や知恵を想起させる生き物のほかに、ロバが描かれているのが印象的です。

『ヘカテ』
ウィリアム・ブレイク
1795年頃、
テート・ブリテン（ロンドン、イギリス）

三差路に立っていたヘカテ像。失われていますが、手には松明が握られていたと考えられます。

『ヘカテの大理石像』
紀元前161～200年頃
大英博物館
（ロンドン、イギリス）

いたずら好きな性愛の神

エロス

Eros ΕΡΩΣ

ローマ神話	英語
クピド／アモル Cupido ／ Amor	キューピッド Cupid

エロスは、ローマ神話の呼び名の英語名「キューピッド」のほうが知られているでしょう。アレスを父、アプロディテを母にもつ性愛の神で、もうひとつの呼び名であるアモルは、イタリア語で「愛」を表す「アモーレ」の語源でもあります。

あまり知られていませんが、エロスには弟のアンテロスがいます。はじめのうち、エロスは永遠に子どもである運命にありましたが、掟の女神テミスのはからいもあり、弟ができたおかげで成長できるようになりました。

エロスには翼があり、幼児もしくは若者の姿をしています。いたずら好きで、ギリシャ神話の恋物語に頻繁に登場します。というのも、神であれ人間であれ、エロスの弓矢に射られると、誰かに激しい片思いを抱くからです。一方、片思いの相手がアンテロスの矢に射られると、両想いになることができました。

なお別の神話では、エロスはガイアやカオス、タルタロスとともに、原初神のひとりに数えられています。

◆ゆかりの地	◆持物	◆象徴の生き物
なし	弓、矢	なし

エロス（アモル）は、ヘレニズム期やルネサンス以降の美術で、頻繁に取り上げられるようになりました。たいてい、翼を生やした幼児や少年の姿で描かれます。

『弓を作るアモル』
ジュール・ジョゼフ・ルフェーブル
1898年、
ルーアン美術館（フランス）

エロス（クピド）の象徴する「性愛」と対極にあるのが、アルテミス（ディアナ）やアテナ（ミネルウァ）が象徴する「純潔」です。エロスを罰したり、弓を取り上げたりする女神たちの姿を描くことで、性愛に対する純潔の優位性を表現しています。

『ディアナとクピド』
ポンペオ・バトーニ
1761年、メトロポリタン美術館
（ニューヨーク、アメリカ）

自分の矢で自らを傷つけてしまったエロス（クピド）。夜、恋した相手のプシュケを訪れます。エロスは姿を見ることを禁じますが、誘惑に負けたプシュケは、ランプを照らして姿を見てしまいます。

『クピドとプシュケ』
ヤーコポ・ズッキ
1589年、ボルゲーゼ美術館
（ローマ、イタリア）

神々に仕える若々しい女神

ヘベ

Hebe HBH

ローマ神話	英語
ユウェントゥス Juventus	ユヴェンタス Juventus

ヘベは、ゼウスとヘラの娘です。オリュンポス十二神には含まれませんが、青春の神であり、侍女として神々に仕えていました。侍女としての主な役目は、ネクタル（神酒）やアンブロシア（不死をもたらす神の食べ物）を供することです。ある神話では、ヘラクレスの妻となって侍女の役を退き、そのあとをガニュメデスが継いだとされています。

また別の神話では、宴会で粗相をしてしまい、ゼウスの怒りを買って罷免されたともいわれています。ヘベを寵愛したヘラがとりなしますがうまくいかず、ついにヘベは「みずがめ座」になりました。

なお、ヘベはヘラクレスとの間に、アレクシアレスとアニケトスというふたりの息子をもうけています。

ヘベのローマ神話での呼び名は「ユウェンタス」です。これはラテン語で「青春」「若者」を意味する「ユウェントゥス」のもとになり、イタリアのプロサッカーリーグ、ユヴェントスFCの名前の由来にもなりました。

◆ゆかりの地	◆持物	◆象徴の生き物
アクロポリス（アテネ）	水差し、酒杯	なし

へべは、水差しにネクタルをそそいでいます。それを飲む鷲は、姿を変えたゼウス（ユピテル）です。へべは若さを象徴していたため、モデルが若い女性の場合に、へべに見立てて描かれることが多くありました。

『鷲に変じたユピテルとへべ』
グスタフ・アドルフ・ディーツ
1826年、アムステルダム国立美術館（オランダ）

アポロン以前の太陽神

ヘリオス

Helios ΗΛΙΟΣ

ローマ神話	英語
ソル Sol	ソル Sol

「太陽神」の称号が、のちにアポロンのものになる以前は、ヘリオスのものでした。ヘリオスはティタン神族のヒュペリオンとテイアの息子で、月の女神セレネ、曙の女神エオスとはきょうだいの間柄です。

ヘリオスは、世界の東の端に宮殿を構えています。炎を吐く馬にひかれた凱旋車《がいせんしゃ》に乗って天空を駆けたあと、西の果てに消えていきます。ヘリオスは太陽の運行そのものの象徴なのです。

ヘリオスには子どもがたくさんいました。ひとり目の妻ペルセとの間には、コルキス王になるアイエテスや、のちに大惨事を引き起こすパエトンなどがいます。ふたり目の妻ネアイラとの間には、「ヘリアデス」と呼ばれる7人の娘がいます。パエトンが死んだとき、彼女たちは嘆き悲しむあまり木に姿を変えてしまい、流れる涙は琥珀《こはく》になったといわれています。

なお、ロドス島にはかつてヘリオスの巨像が建っていたとされ、「世界の七不思議」に数えられています。

◆ゆかりの地	◆持物	◆象徴の生き物
ロドス島	凱旋車	馬、雄鶏

光輝をまとって四頭立ての凱旋車に乗るヘリオス。ヘリオスと家族の物語の多くは、のちにアポロンの物語として知られていくようになります。

『ヘリオスと太陽の戦車』
アンドレアス・ブルッガー
1777年頃、
ガンマーティンゲン市庁舎（ドイツ）

ギリシャ神話本来の月の女神

セレネ

Selene ΣΕΛΗΝΗ

ローマ神話	英語
ルナ Luna	ルナ Luna

太陽の神がもともとアポロンではなくヘリオスだったのと同じように、月の女神はアルテミスではなく、セレネでした。有名なエンデュミオンとの悲恋物語も、もとはセレネの物語だったのです。

セレネは、ヘリオスやエオスとはきょうだいで、ヘリオスが西の果てに沈んだあと、夜空を照らします。月が飾られた冠を身につけた絶世の美女であり、二頭立ての馬車に乗ったり、牛や馬、ロバにまたがったりして、天空に登場します。

セレネはゼウスとの間に、パンディア、ヘルセ、ネメアという3人の娘を生みました。神話学者のケレーニイは、パンディアには「あまねく輝く女」「あまねく明るい女」という意味があり、満月を示唆しているのではないかと指摘しています。

セレネはローマ神話では「ルナ」と呼ばれます。ラテン語の「Luna」が由来とされ、現在でもイタリア語の月は「luna」となっています。

◆ゆかりの地	◆持物	◆象徴の生き物
なし	月の冠	牛、馬、ロバ

アルテミスではなく、「セレネ」をタイトルに含めたエンデュミオンの絵画作品もあります。ただし、セレネの姿はアルテミスとほとんど同じです。

『セレネとエンデュミオン』
ヘラルト・デ・ライレッセ
1680年、アムステルダム国立美術館（オランダ）

夜明けを告げる曙の女神

エオス

Heos ΗΩΣ

ローマ神話	英語
アウロラ Aurora	**オーロラ** Aurora

太陽神ヘリオスと月の女神セレネのきょうだいであるエオスは、曙の女神です。ときにはヘリオスに先立って、ときにはヘリオスの凱旋車に乗って悠揚と進み、夜明けを告げる役割を果たします。薔薇《ばら》色の指を伸ばし、鮮やかな黄色の衣装を身にまとった姿は、芸術家たちにインスピレーションを与えてきました。

エオスは星空の神アストライオスとの間に、3柱の風の神々（アネモイ）を生みます。また、夜空に輝く無数の星たちも、エオスがエオスボロス（明けの明星）と交わって生み出したとされています。

エオスには恋物語もあります。ある物語では、エオスはイリオスの王子ティトノスに恋焦がれ、誘拐してしまいます。エオスはゼウスにティトノスの不老不死を願いますが、「不老」の願いだけはかないませんでした。老いて動けなくなったティトノスを、エオスは部屋に閉じ込めます。聞こえてくるのは声のみ。やがてエオスは、ティトノスを蝉《せみ》の姿に変えてしまいました。

◆ゆかりの地	◆持物	◆象徴の生き物
なし	松明	雄鶏、蝉

もうひとつの恋の相手はケパロス（ケファロス）です。ケパロスにつれなくされたエオス（オーロラ）は、ヘリオスの先導役を怠って大混乱を招きました。エロスがケパロスの愛を目覚めさせ、事態は収拾します。

『オーロラとケファロス』
ピエール＝ナルシス・ゲラン
1810年、
ルーヴル美術館（フランス、パリ）

神の使者を務める虹の女神

イリス

Iris ΙΡΙΣ

ローマ神話	英語
イリス Iris	アイリス Iris

イリスは、ガイアとポントスの子であるタウマスと、オケアノスの娘のひとりエレクトラの間に誕生しました。大きな翼を持ち、足も速く、虹とともに移動する神々の使者（アンゲロス）として活躍しました。

たとえば、オリュンポスの神々が争いごとを起こすと、ゼウスの命により「ステュクスの水」を汲みに出かけます。この水に対して偽りの誓いをすると、神でさえ厳しく罰せられるという恐ろしい水です。

またあるときには、出産に苦しむレトのために、出産の神エイレイテュイアを呼びに行ったり、娘を失って嘆き悲しむデメテルをオリュンポスに呼び戻すべく、手を尽くしたりしました。

イリスは、ヘラのお気に入りの使者でもありました。トロイア戦争では、夢の神モルペウスの眠りを覚まし、ヘラの計略に手を貸したこともあります。

なお、「ːirːis」は英語の発音ではアイリスとなり、植物のアヤメを指します。

◆ゆかりの地	◆持物	◆象徴の生き物
ヘカテ島（デロス島近く）	アヤメ（アイリス）	なし

天から降り立つイリスと、眠りから覚めたばかりのモルペウス（モルフェウス）が描かれています。モルペウスは人間の物真似に秀でており、姿を変えて、だます相手の夢の中に現れます。

『イリスとモルフェウス』
ルネ=アントワーヌ・ウアス
1688～1689年、
ヴェルサイユ宮殿（フランス）

50人もの娘をもつ海の老人

ネレウス

Nereus ΝΗΡΕΥΣ

ローマ神話	英語
ネレウス Nereus	**ニーリーウス** Nereus

ギリシャ神話には、海に関する神がたくさん登場します。ネレウスもそのひとりで、ポントス（海）とガイア（大地）の息子にあたります。ヘシオドスは「神統記」で、ネレウスのことを、誠実でやさしく思慮深い老人と記しています。また数々の伝承のなかで、「海の老人」と呼ばれています。

ネレウスが神話に登場することはあまりなく、むしろ、50人の娘たち（ネレイデス）のほうが有名です。ネレイデスのなかには、ポセイドンの妻となるアンピトリテや、アキレウスの母となるテティスなどがいます。

彼女たちの多くには、海を想起させる名前がつけられています。たとえば、グラウケ（海の青さ）、キュモトエ（波の速さ）、エウリメネ（良き港の女）などです。

ネレイデスは、ポセイドンとその息子トリトンとともに、ヒッポカンポイ（海馬）のひく凱旋車のそばの波間で戯れています。または、半人半魚の、魅力的な人魚の姿で登場することもあります。

◆ゆかりの地	◆持物	◆象徴の生き物
なし	なし	海馬（ヒッポカンポイ）

人魚の姿をしたネレイデスが、楽しそうに波間で遊んでいます。ベックリンは、ネレイデスが登場する絵画を複数手がけています。

『ネレイデス』
アルノルト・ベックリン
1886年、
バーゼル美術館（スイス）

春を寿ぐ花の女神

クロリス

Chloris ΧΛΩΡΙΣ

ローマ神話	英語
フローラ Flora	フローラ Flora

クロリスはもともと花のニンフです。西風の神ゼピュロスに追いかけられ、最終的にイタリアでつかまって、花の女神フローラになりました。これは春の訪れの寓意で、このエピソードをもとに、サンドロ・ボッティチェッリは、『プリマヴェーラ（春）』を描いています。

フローラの王国には、花に姿を変えた神話の人物が登場します。たとえば、水に映った自分の姿に恋をして狂死したナルキッソス（水仙）や、横恋慕をアポロンに罰せられたクリュティエ（ヒマワリ）などです。

ローマでは立夏の頃、「フロラリア」が行われていました。フローラに捧げる祭礼であると当時に、性的解放を祝うものでもあり、娼婦などが裸で踊ったりもしていたようです。

ちなみに、すべての生物を植物と動物にわけた場合に、植物相を「フローラ」、動物相を「ファウナ」といいますが、その由来はフローラと、ニンフのファウヌス（ギリシャ神話のサテュロス）の女性形です。

◆ゆかりの地	◆持物	◆象徴の生き物
ローマ	花、花冠	なし

花々で飾られて座るクロリス（フローラ）に、空から舞い降りたゼピュロス（ゼフュロス）が口づけしようとしています。

『フローラとゼフュロス』
ウィリアム・ブグロー
1875年、ボルドー美術館（フランス）

深海に住まう海神の息子

トリトン

Triton ΤΡΙΤΩΝ

ローマ神話	英語
トリトン Triton	トリトン Triton

トリトンは、海の神ポセイドンとアンピトリテの息子です。両親とともに深海にある黄金の宮殿に住み、海の深みを司っています。

ポセイドンやネレウスが成熟した大人であるのに対して、トリトンは若者として登場します。しかし、その姿は奇怪で、上半身は人間、下半身は魚やイルカの尻尾なのです。そして、法螺貝《ほらがい》や喇叭《らっぱ》を高らかに吹き鳴らし、両親やネレイデスと一緒に海を渡っていきます。法螺貝や喇叭を吹くと、水を自在に操ることができました。ギリシャを大洪水が襲ったときには、プティア王デウカリオンとその妻ピュラを救ったとされています。

また、トリトンには凶暴な一面もあります。たとえば、トロイア軍の戦士ミセノスが吹いた法螺貝を自分への挑戦と考え、海に投げ込んで殺しました。また、英雄ヘラクレスと争って、力及ばず敗れたこともあります。

なおトリトンはひとりではなく複数の神の総称という説もあり、絵画では複数で描かれることもあります。

◆ゆかりの地	◆持物	◆象徴の生き物
なし	法螺貝、喇叭	なし

トリトンが単体で描かれた珍しい作品。鱗と水かきのある2本の足と、巻貝を吹き鳴らす姿が印象的です。

『巻貝を吹くトリトン』
アルノルト・ベックリン
1879年、ニーダーザクセン州立博物館(ハノーヴァー、ドイツ)

美少年が両性具有の神に

ヘルマプロディトス

Hermaphroditus ΕΡΜΑΦΡΟΔΙΤΟΣ

ローマ神話	英語
ヘルマプロディトゥス Hermaphroditus	ヘルマフロディタス Hermaphroditus

ヘルマプロディトスの両親はヘルメスとアプロディテです。両親の名前をとって名づけられました。水のニンフに育てられ、やがて両親の血を受け継いで美しい少年に育ちました。放浪の旅に出たヘルマプロディトスは、泉のニンフのサルマキスに出会います。サルマキスは美少年に心を奪われ、言い寄ります。少年は必死に逃れますが、冷たい水に飛び込んだところ、サルマキスにつかまってしまいます。水中でふたりの体は合体し、男性でもあり女性でもある神に生まれ変わったのでした。

本当の意味での両性具有ではありませんが、こんな神話もあります。古代プリュギア（トルコ中部）には、アグディスティスという残忍な女神がいました。彼女は美少年アッティスに恋をしますが、アッティスが別の女性と結婚することを知り、婚礼の宴を強襲。混乱のさなか、アッティスは男根を自ら切断し、流れる血からはスミレが生えたといいます。その後アッティスは、死と再生を司る神になりました。

◆ゆかりの地	◆持物	◆象徴の生き物
なし	なし	なし

サルマキスは、澄んだ水をたたえた泉のニンフです。逃げ疲れたヘルマプロディトスは、思わず冷たい水を浴びてくつろいでしまいます。サルマキスは服を脱いで、いまにも水に飛び込もうとしているところです。

『サルマキスとヘルマプロディトス』
バルトロメウス・スプランヘル
1580～1582年、ウィーン美術史美術館（オーストリア）

神になった半人半馬の賢者

ケイロン

Cheiron XEIPΩN

ローマ神話	英語
キロン Chiron	カイロン Chiron

上半身が人間、下半身が馬というと「ケンタウロス」が思い浮かびますが、これは種族の名前です。ラピュテス族の王子イクシオンは、ゼウスがつくったヘラそっくりの雲（あるいは雲のニンフ、ネペレ）と交わり、ケンタウロスたち（ケンタウロイ）を生んだのです。ケイロンはケンタウロイのひとりともいわれますが、クロノスとニンフのピュリラの子という説もあります。

ケイロンは、アポロンから音楽や医術、予言術を、アルテミスからは狩猟を学び、のちに賢者と呼ばれるようになりました。またアポロンの息子アスクレピオスや、テティスの子アキレウスの教育にも携わります。

神々やニンフに信頼されていたケイロンも、やがて死を迎えます。人々を生き返らせる術を駆使したために冥界の王ハデスの逆鱗に触れたからとも、ヘラクレスとケンタウロイの争いに巻きこまれたからともいわれています。悲しんだゼウスはケイロンを神に加え、業績をたたえて星座(いて座)にしたと伝えられています。

◆ゆかりの地	◆持物	◆象徴の生き物
ピリオン山（テッサリア）	弓	なし

アキレウスの父親ペレウスは、賢者ケイロン（ケイローン）に息子の養育を頼みました。

『アキレウスに弓を教えるケイローン』
ジャン=バプティスト・ルニョー
1782年、
ルーヴル美術館（パリ、フランス）

出産を手伝う産婆役
◆エイレイテュイア

ゼウスとヘラの娘で、青春の女神ヘベとは姉妹です。陣痛を起こした女性のもとにやってきて、出産を助ける役を担います。レトが、嫉妬深いヘラに隠れてアポロンとアルテミスを生もうとしたとき、助けたのがエイレイテュイアです。

調和をもたらす美しい女神
◆ハルモニア

アプロディテが軍神アレスと浮気をしてもうけた娘。のちにテーバイを建国するカドモスの妻になります。ハルモニアは「調和させるもの」という意味で、英語で「調和」を表す「harmony（ハーモニー）」の起源になりました。

海の一族に連なる剛腕の女神
◆エウリュビア

ポントス（大洋）とガイアの娘。ネレウスとはきょうだいです。ティタン神族のクリオスとの間に、アストライオス（星辰）、パラス、ペルセスなどをもうけました。エウリュビアは力が強く、子どもたちもその能力を受け継ぎました。

冥界を守る川の女神

◆ステュクス

オケアノスとテテュスの娘。冥界のまわりを流れるステュクス川を神格化した女神です。川の水に偽りの誓いをした神は1年間患い、その後も9年間は神々の集いに参加できなくなります。パラスとの間に、4人の子をもうけています。

ロドス島ゆかりの女神

◆ロドス

ポセイドンとアンピトリテとの間に誕生した女神で、トリトンとはきょうだいです。地中海東端に浮かぶロドス島が太陽神ヘリオスの所領になったのち、ヘリオスの妻となって息子たちを生みました。ロベとも呼ばれています。

春を呼ぶ西風の神

◆ゼピュロス（ゼフュロス）

エオス（曙）とアストライオス（星辰）には、3人の風の神が生まれました。西風のゼピュロスと北風のボレアス、南風のノトスです。ゼピュロスは、クロリスを花の女神に変えたり、アキレウスの不死の馬の父親になるなど活躍します。

コラム

ギリシャ神話の怪物

恐ろしい姿の怪物でさえ神々から生まれた

ギリシャ神話の登場人物は、神々やニンフ、英雄たちだけではありません。人々を恐怖でおびえさせる、見るも恐ろしい姿をしたたくさんの「怪物」が登場します。

怪物は、神が生むことも少なくありません。たとえば、頭髪が蛇という恐ろしい姿をし、目の合った者を石に変えるメドゥサは、ケトとポリュキュスという2神の娘で、ゴルゴン三姉妹のひとりでした。ふたりの姉は不死身でしたが、メドゥサは、英雄ペルセウス（↓P186）に首をはねられて殺されました。流れ出た血から、巨人クリュサオルとペガソスが生まれています。

ペルセウスと並ぶ人気の英雄ヘラクレス（↓P182）は、十二の難行のなかで、複数の怪物を退治しています。たとえば2番目に退治をしたのは、九つの頭を持つ大蛇ヒュドラです。ヒュドラの首を切り落とすと、そこから新しい首が2本生えてきます。ヘラクレスは苦労の末、家来の手を借りながら、頭を焼き払うことで息の根を止めました。また最後の難

『ペルセウスとメドゥーサの首』
アントニオ・カノーヴァ
1804～1806年、メトロポリタン美術館（ニューヨーク、アメリカ）

行は、冥界の番犬・ケルベロスを地上に連れてきて、また冥界に連れ戻すというものでした。ケルベロスは、50の首を持つとも、尻尾が３匹の蛇ともいわれています。

文学や美術作品にも欠かせない題材に

『地獄の門よりケルベロスを持ち帰るヘラクレス』
ヨハン・コラー
1855年、エストニア国立美術館（タリン）

ホメロスの叙事詩「オデュッセイア」の主人公オデュッセウスが出会ったのはキュクロプスです。キュクロプスは固有名詞ではなく、額の真ん中に目がひとつしかない巨人一族のことです。「オデュッセイア」に登場するキュクロプスは名をポリュペモス（ポリュフェモス）といい、住処である島に漂着したオデュッセウスらを食べ尽くそうとしますが、計略で目をえぐられ、その隙に一行の生き残りは、島から逃れることができました。

このように、ギリシャ神話では、怪物退治の話は尽きることがありません。奇怪な姿ばかりが印象に残りがちですが、悲しい誕生秘話を持っていたり、哀れな最期を迎えたりする怪物もいます。そのため、のちの時代の作家や画家などにインスピレーションを与え、ドラマチックな作品づくりに貢献していることが少なくありません。みなさんも、ギリシャ神話を「怪物」という視点でひも解いてみてはいかがでしょうか。

ひとつ目の巨人ポリュペモス（ポリュフェモス）。

『ポリュフェモスの洞窟から逃げ出すオデュッセウスと仲間たち』
ペッレグリーノ・ティバルディ
1550～1551年、ポッジ宮殿（ボローニャ、イタリア）

下級の神・ニンフ

Chapter 5

ギリシャ神話
神様図鑑

熊になったアルテミスの侍女

カリスト

Kallisto ΚΑΛΛΙΣΤΩ

ローマ神話	英語
カッリスト Callisto	カッリスト Callisto

カリストは、アルテミスの寵愛を受けていた侍女のひとりです。貞節を誓っていましたが、好色なゼウスに目をつけられます。ゼウスはアルテミスの姿になってカリストに近づき、思いをとげました。

やがてカリストは妊娠してしまいます。妊娠を隠し通していましたが、水浴びの際に服を脱ぐのをためらったため、発覚してしまいます。怒ったのはアルテミスだけではありません。ゼウスの妻ヘラは、アルテミスに追い出されたカリストを、熊の姿に変えてしまいました。

実はカリストは息子アルカスをすでに生んでいました。狩人になった15歳のアルカスは、ある日、森の中で熊に出くわします。驚いたアルカスは熊を殺そうとします。ゼウスが哀れに思ってそれを止め、親子そろって天に送り、おおぐま座とこぐま座にしたとされます。

怒りが収まらないヘラは、彼らが海に沈んで休むことができないようにしたということです。いまでもふたつの星座は、一年中、夜空に輝いています。

◆ゆかりの地	◆持物	◆象徴の生き物
アルカディア	投げ槍、弓	熊

腹部のふくらんだカリストと、カリストを指さして立つアルテミス（ディアナ）のまわりには、侍女たちや猟犬が描かれています。

『ディアナとカリスト』
ティツィアーノ・ヴェチェッリオ
1568年頃、
ウィーン美術史美術館（オーストリア）

木霊を擬人化したニンフ

エコー

Echo ΗΧΩ

ローマ神話	英語
エコー Echo	エコー Echo

森のニンフのエコーは、相手の最後の言葉を繰り返すだけで、自分から言葉を発することができません。これは、エコーのおしゃべりのせいでゼウスの浮気現場をおさえそこなった、ヘラの呪いによるものです。

エコーはある日、美少年ナルキッソスに出会って、一目ぼれをします。ですが、話しかけることができません。気配を感じたナルキッソスが呼びかけますが、エコーはその声を繰り返すばかり。やがて「ここで会おうよ」という声に応じてエコーとナルキッソスは対面します。

ナルキッソスには強いうぬぼれがありました。そしてエコーを拒絶。失意のエコーは山奥に隠れ、二度と姿を見せることはありませんでした。これが、木霊《こだま》です。

エコーは、ナルキッソスも苦しい恋の思いを知るようにと復讐の女神に願い、かなえられます。ナルキッソスは、湖に映った自分の姿に恋をしますが、思いを遂げることはできません。狂い死んだナルキッソスは、水仙に姿を変えたといいます。

◆ゆかりの地	◆持物	◆象徴の生き物
なし	なし	なし

水に映る自分の顔に見入るナルキッソスと、隠れて見つめるエコー。エコーの足元には、ナルキッソスの運命を暗示するかのように、黄色い水仙が咲いています。

『エコーとナルキッソス』（上は部分）
ジョン・ウィリアム・ウォーターハウス
1903年、
ウォーカー・アート・ギャラリー
（リヴァプール、イギリス）

葦笛の起源になったニンフ

シュリンクス

Syrinx ΣΥΡΙΓΞ

ローマ神話	英語
シュリンクス Syrinx	シュリンクス Syrinx

シュリンクスは、アルテミスの侍女でもあるニンフです。処女神アルテミスの侍女ですから、生涯を通じて純潔であることが求められました。あるとき、狩りの途中で牧神パンに出会います。山羊の脚をもつパンには、好色な一面がありました。

シュリンクスを気に入ったパンは彼女を追いかけますが、なかなか追いつきません。河辺まで逃れたとき、シュリンクスは河のニンフに助力を求めます。すると、シュリンクスの姿は、みるみる一叢《ひとむら》の葦《あし》に変わりました。パンが思わずため息をついたところ、葦に空気が通り、妙なる音色をたてたといいます。

空洞のある植物の茎を数本束ねた「パンフルート」という楽器があります。世界中にありますが、ギリシャに伝わる同種の楽器は「シュリンクス」と呼ばれます。

なおパンは、エコーを追いかけたこともありました。はねつけられたパンはエコーを切り刻んでばらまいたため、声だけが散らばったという話が残されています。

◆ゆかりの地	◆持物	◆象徴の生き物
アルカディア	鹿の角でできた弓	なし

パンが追いつく瞬間、シュリンクスは葦に姿を変えます。手前の男性が持つ甕からは水が流れているため、男性は河の神だと思われます。

『パンとシュリンクス』
ヤーコブ・ヨルダーンス
1620年頃、
ベルギー王立美術館（ブリュッセル）

ディオニュソスの養育者

シレノス

Silenos ΣΙΛΗΝΟΣ

ローマ神話	英語
シルウァヌス Silvanus	シルヴァナス Silvanus

酒の神ディオニュソスは、大勢の供を引き連れて凱旋します。そのひとりがシレノスです。シレノスは思慮深い田園の神とされていて、ディオニュソスの養育者でもありました。絵画作品では、太り気味の酔っ払いとして描かれることもあります。またときには、両脚が馬の後ろ脚になっていることもあります。

ディオニュソスの従者には、サテュロスもいます。サテュロスは山羊の脚をもった好色な森の精で、一年中ニンフを追いかけまわしていました。また、サテュロスは複数いる、つまり種族のようなもの（サテュロイ）だったともいわれています。

ギリシャ神話には、シレノスやサテュロスと姿や特徴が似た森の神パンがいます。パンは牧神でもあります。パンもサテュロスと同様にニンフが大好きで、シュリンクスを追いかけて葦に変身させたことがありました。

ディオニュソスの周辺にいたこれらの神やニンフはしばしば混同され、境界線は定かではなくなっています。

◆ゆかりの地	◆持物	◆象徴の生き物
アルカディア	酒杯	なし

サテュロスやマイナス（ディオニュソスの女性信者たち）がいる宴席で、酔いつぶれているシレノス。脚には獣の毛が生えています。

『酔っぱらったシレノス』
ピーテル・パウル・ルーベンス／ヤン・ブリューゲル
1611～1612年頃、
ウィーン美術アカデミー（オーストリア）

葡萄の蔦の冠をつけたサテュロスが、カボチャを手に、肩越しに振り返っています。

『秋の寓意』
ニッコロ・フランジパン
1597年、
ウーディネ市立美術館（イタリア）

オルペウスに愛された木の精

エウリュディケ

Eurydike ΕΥΡΥΔΙΚΗ

ローマ神話	英語
エウリュディケ Eurydice	**ユーリディス** Eurydice

エウリュディケは、木のニンフ（ドリュアス）のひとりです。すぐれた吟遊詩人オルペウスと結婚をしていましたが、ある日、アポロンの子アリスタイオスに追われて逃げる途中で、毒蛇に噛まれて死んでしまいます。オルペウスはあきらめきれず、エウリュディケを連れ戻そうとして冥界を訪れます。そして、迎えたハデスとペルセポネに向かって、オルペウスは竪琴を奏で、妻への思いを歌に託して聞かせました。

ハデスら冥界の面々はみな、感動の涙を流します。そこで、「地上にたどり着くまで、エウリュディケを振り返らない」という条件つきで、エウリュディケを連れていくことに同意しました。ところが、最後に振り返ってしまい、エウリュディケを取り戻すことに失敗します。

なお、オルペウスはのちにディオニュソスの信者の女性たちに殺され、肉体を切り刻まれます。しかしそのおかげで、エウリュディケとオルペウスは、冥界でともに暮らすことができるようになったのです。

◆ゆかりの地	◆持物	◆象徴の生き物
なし	なし	なし

オルペウス（オルフェウス）はエウリュディケの手を引き、暗い道を地上に向かいます。ところがあと少しのところで、誘惑に耐えきれずに振り返ってしまいました。エウリュディケは、あっという間に冥界に逆戻りです。

『黄泉の国のオルフェウスとエウリュディケ』
ハインリヒ・フリードリヒ・フューガー
1808年頃、
ザルツブルク宮殿美術館（オーストリア）

ギリシャ世界の河神のひとり

エリダノス

Eridanos ΗΡΙΔΑΝΟΣ

ローマ神話	英語
エリダヌス Eridanus	エリダナス Eridanus

オケアノス（大洋）とテテュスの間には、たくさんの河神（ポタモイ）が生まれました。一説にはその数は三千ともいわれ、それぞれがギリシャや小アジア（現在のトルコ周辺）などを流れる河の化身とされています。ヘシオドスの「神統記」には、25の河神が記載されています。神話に登場するのは、そのなかのアルペイオス、ペネイオス、スカマンドロス、エリダノスなどです。

エリダノスは、「神統記」のなかで「深渦の巻くエリダノス」と表現されていますが、のちの時代には、イタリア半島を流れるポー川やフランスのローヌ川などと同一視されるようになります。

エリダノスが登場するのは、パエトンの物語です。パエトンは父親ヘリオスの凱旋車を借りて天空を駆けようとしますが、操縦をあやまり、世界を混乱させたあげくに天から墜落してしまいます。パエトンが落ちたのが、エリダノス川なのです。エリダノスは、のちに星座のひとつ、エリダヌス座になりました。

◆ゆかりの地	◆持物	◆象徴の生き物
ポー川、ローヌ川	アンフォラ（陶器の壺）、甕	なし

画面の左下でアンフォラを抱えているのがエリダノスです。このように、河神は通常、水が流れるアンフォラや甕を持った老人の姿で表現されます。

『パエトンの墜落』（下は部分）
ミケランジェロ・ブオナローティ作のプリント
1540～1566年頃、
メトロポリタン美術館
（ニューヨーク、アメリカ）

英雄に恋した海のニンフ

カリュプソ

Kalypso ΚΑΛΥΨΩ

ローマ神話	英語
カリプソ Calypso	**カリプソー** Kalypso

カリュプソもまた、海にまつわるニンフのひとりです。両親がどの神かには諸説ありますが、ティタン神族のアトラスが父親、オケアノスの娘プレイオネが母親という説が比較的知られています。ニンフではなく女神だという説もあります。

カリュプソが登場する有名なエピソードは、ホメロスの叙事詩「オデュッセイア」にあります。トロイア戦争から帰還中のオデュッセウスは、カリュプソが住む島で歓待を受けます。オデュッセウスに恋をしたカリュプソは、不死を与えるかわりに島に残ってほしいと頼みますが、オデュッセウスは首を縦にふりません。彼には故郷イタケに、愛する妻ペネロペと息子テレマコスがいたからです。ゼウスはヘルメスを使いに出し、カリュプソにあきらめるように命じます。カリュプソはその命に従い、とうとうオデュッセウスを送り出したのです。

マルタのゴゾ島には、カリュプソが住んでいたと伝わる洞窟があります。

◆ゆかりの地	◆持物	◆象徴の生き物
ゴゾ島(マルタ)	なし	なし

洞窟に座るカリュプソと、離れてたたずむオデュッセウス。オデュッセウスの視線の先には、故郷イタケがあるのでしょう。

『オデュッセウスとカリュプソ』
アルノルト・ベックリン
1882年、
バーゼル美術館（スイス）

怪物に恋人を殺された海のニンフ

ガラテイア

Galateia ΓΑΛΑΤΕΙΑ

ローマ神話	英語
ガラタエア Galataea	ギャラティーア Galatea

ガラテイアは、シチリア島に住む海のニンフです。河神の子孫である少年アキスと恋人同士でした。ところが、そんなガラテイアに一方的に思いを寄せる者がいました。ひとつ目の巨人ポリュペモスです。

ある日、ポリュペモスがさまよっていると、偶然、ガラテイアとアキスが愛し合っているところを目撃します。ポリュペモスは逆上して、アキスに岩を投げて殺してしまいました。アキスはその後、シチリアを流れる河になったといわれています。

ネレウスとドリスの間に生まれた海のニンフたちは、まとめてネレイデスと呼ばれます。その数は50人とも100人ともいわれています。ガラテイアのほかには、ポセイドンと結婚したアンピトリテや、アキレウスを生んだテティス、オデュッセウスに恋して島に引き留めたカリュプソが有名です。また、トリトンとともに凱旋車に乗るポセイドンを取り囲み、海を渡る姿が絵画の題材とされることもあります。

◆ゆかりの地	◆持物	◆象徴の生き物
シチリア	鳥貝の凱旋車	イルカ

一方的に思いを寄せるポリュペモスに対して、勝ち誇った表情で凱旋車に乗っているガラテイア（ガラテア）。ヴィラ・ファルネジーナの同じ壁面には、セバスティアーノ・デル・ピオンボ作の『ポリュフェモス』も描かれています。

『ガラテアの勝利』
ラファエロ・サンツィオ
1512年頃、
ヴィラ・ファルネジーナ
（ローマ、イタリア）

月桂樹になった河のニンフ

◆ダプネ（ダフネ）

河神ペネイオスの娘のひとり。一方的に恋をするエロスの矢を射られたアポロンがダプネに言い寄りますが、反対に相手を嫌う矢を射られたダプネは、あがいて逃げ続けます。ダプネは父親に願い、自分の姿を月桂樹に変えてもらいました。

泉に姿を変えた水のニンフ

◆アレトゥーサ

アレトゥーサは、言い寄る河神アルペイオスから逃れながら、アルテミスに助けを求めます。アレトゥーサは水になりますが、河神も水に変じて追いかけます。アルテミスは穴をうがち、アレトゥーサをシチリアまで逃げ延びさせました。

泉に身を投げたニンフ

◆カスタリア

カスタリアは、アポロンの求愛を拒んで逃げまわり、デルポイの泉に身を投げます。この泉は「カスタリアの泉」と呼ばれるようになり、デルポイの神殿を清める際に使われました。泉の水を飲んだ者には、芸術の才能が授けられました。

ポセイドンの妻になったニンフ

◆アンピトリテ

テティスやガラテイアと姉妹にあたる、ネレイデスのひとりです。ポセイドンの求愛を拒んでいましたが、神の使いのイルカに追いかけられ、説得されて結婚に応じました。ポセイドンとともに凱旋車に乗った姿で描かれます。

王子たちの母親となったニンフ

◆プサマテ

ネレイデスのひとり。アイギナ王アイアコスの妻でしたが、結婚生活が嫌になり、アザラシに変じて海に逃れます。のちにエジプト王プロテウスと結婚し子どもをもうけました。この物語は、エウリピデスの悲劇「ヘレネー」で語られています。

冥界の河神と結婚したニンフ

◆オルプネ

神話にはあまり登場しない、冥界のニンフ。冥界を流れるステュクス川の支流であるアケロンの化身（河神）と結婚し、息子アスカラポスを生みます。アスカラポスは、ペルセポネが柘榴を口にしたのをハデスに告げ口した張本人です。

コラム

惑星と神々

太陽系の惑星の名前はローマ神話の神が由来

太陽系には8つの惑星があり、地球以外には現在、ローマ神話の神様の名前がつけられています。太陽から近い順にみていきましょう。

水星（マーキュリー）は、伝令の神メルクリウス（ギリシャ神話のヘルメス）から名づけられています。金星（ヴィーナス）のもとになったのは、美の女神ウェヌス（アプロディテ）です。古代ギリシャでは、夕方に輝く金星（宵の明星）と明け方に見える金星（明けの明星）を別の星と考え、それぞれウェスパル（英語ではヴェスパー、ギリシャではヘスペロス）、ルシフェル（英語ではルシファー、ギリシャではポスポロス）と呼んでいました。

火星（マーズ）の由来は、戦いの神マルス（アレス）です。燃えるような赤色の火星は、禍《わざわい》を招き、不幸をもたらすと恐れられていました。太陽系でいちばん巨大な惑星である木星（ジュピター）は、最高神ユピテル（ゼウス）から名づけられています。惑星を囲む環が印象的な土星（サターン）の由来は、ティタン神族のサトゥルヌス（クロノス）です。

天王星（ウラノス）は、ユピテル以前に天空を支配していたウラノスから、海王星（ネプチューン）は、海神ネプトゥヌス（ポセイドン）から名前をとっています。

ちなみに、2006年に太陽系の惑星から外されて準惑星と区分されることになった冥王星（プルート）の由来は、冥界の神プルート（ハデス）です。

神と人の子

Chapter 6

数々の伝説に彩られた英雄

ヘラクレス

Herakles ΗΡΑΚΛΗΣ

ローマ神話	英語
ヘルクレス Hercules	ハーキュリーズ Hercules

ヘラクレスの母親は、ミュケナイ王女のアルクメネです。アルクメネには人間の夫がいましたが、その夫に姿を変えたゼウスと交わり、ヘラクレスが生まれました。幼い頃から、嫉妬したヘラが送った2匹の蛇をいとも簡単に絞め殺すほど、常人離れしていました。怒ったヘラがヘラクレスに課したのが「十二の功業」です。

ネメアの獅子や大蛇ヒュドラといった怪物退治から、三十年もの汚れがたまった牛小屋掃除まで、いずれも難行でしたが、ヘラクレスは見事に完遂しました。

ほかにもヘラクレスは数々の偉業を成し遂げ、伝説を残します。そんなヘラクレスの心を射止めたのは、カリュドン王女デイアネイラでした。ふたりは結婚をし、しばらく穏やかに暮らしますが、デイアネイラの愛が、のちにヘラクレスに死をもたらします。

ゼウスはその死を悲しみ、ヘラクレスを神の一員に迎え、星座にもなります。ヘラでさえ、ヘラクレスを許し、青春の女神へべと結婚させたともいわれています。

◆ゆかりの地	◆持物	◆象徴の生き物
コス島、ジブラルタル海峡	弓矢、棍棒、獅子の毛皮	なし

十二の功業のひとつ、「ディオメデスの人食い馬退治」の様子です。トラキア王ディオメデスの飼っていた雌馬は、人間を餌にしていました。ヘラクレスは飼い主である王を餌として与え、馬をミュケナイに連れて帰りました。

『ヘラクレスとディオメデス』
アントワーヌ＝ジャン・グロ
1835年、オーギュスタン美術館
（トゥールーズ、フランス）

ヘラクレスは、アポロンと争った罰として、3年間、リュディアの女王オンパレ（オンファレ）の奴隷になったことがあります。ヘラクレスは女性の格好をして着物を縫ったり、糸をつむいだりして過ごしました。

『ヘラクレスとオンファレ』
バルトロメウス・スプランヘル
1585年頃、
ウィーン美術史美術館
（オーストリア）

ヘラクレスとデイアネイラは川を渡ろうとしていました。ケンタウロスのひとりネッソスにデイアネイラを任せたところ、ネッソスは彼女を連れ去ろうとします。ヘラクレスはネッソスを射殺して事なきを得ます。しかし、死の間際にネッソスが残した毒の血に意図せず触れた結果、ヘラクレスは死んでしまいました。岸で弓を構えているのがヘラクレス、左下に描かれている老人は河神です。

『ネッソスによるデイアネイラの襲撃』
ルイ=ジャン=フランソワ・ラグルネ
1755年、
ルーヴル美術館（パリ、フランス）

王妃を救った空飛ぶ英雄

ペルセウス

Perseus ΠΕΡΣΕΥΣ

ローマ神話	英語
ペルセウス Perseus	パーシウス Perseus

ペルセウスは、黄金の雨に化けたゼウスと、アルゴスの王女ダナエの間に生まれました。祖父のアクリシスは、孫が自分に死をもたらすという予言を信じ、母子を海に流してしまいます。漂着したセリポス島で王に大切に育てられ、ペルセウスは立派な若者に成長しました。

ペルセウスの最初の偉業は、メドゥサ退治です。メドゥサは、見た者の姿を石に変える、蛇の髪をした怪物です。ペルセウスは、アテナから楯を、ヘルメスから翼の付いたサンダルを授けられており、これらの神々の助力でメドゥサの首を見事に切り落とします。ペルセウスが所領で休憩するのを断ったアトラスを石に変えたのも、このメドゥサの首です。

ペルセウスの伝説でもっとも有名なのは、エチオピア王女アンドロメダの救出でしょう。海の怪物の生贄《いけにえ》にされようとしていたところをペルセウスに救われ、ふたりは結婚を許されます。ペルセウスとアンドロメダは、のちにふたりとも星座になりました。

◆ゆかりの地	◆持物	◆象徴の生き物
セリポス島	楯、メドゥサの首、翼付きのサンダル	なし

アンドロメダを救出するペルセウス。翼の付いたサンダルの力で、ペルセウスは空を飛ぶことができました。ペルセウスは、剣で怪物を殺したとも、メドゥサの首で怪物を石にしたともいわれています。

『果たされた運命』
エドワード・バーン＝ジョーンズ
1885～1888年、
シュトゥットガルト州立美術館
（ドイツ）

ペルセウスとアンドロメダの婚礼の宴に、求婚者フィネウスとその仲間が乱入します。ペルセウスはメドゥサの首で敵を次々に石に変えていきました。ペルセウスの右上にいるのは女神アテナです。

『フィネウスとその一味を打ち倒すペルセウス』
ジャン＝マルク・ナティエ
1740年頃、トゥール美術館（フランス）

星座になった美しい巨人

オリオン

Orion ΩΡΙΩΝ

ローマ神話	英語
オリオン Orion	**オーリオン** Orion

オリオンは、海の神ポセイドンの息子で、母親が誰かには諸説あります。海の底を歩いていても海上に顔が出せるほどの巨人で、美貌の持ち主でもありました。

オリオンはキオス王女メロペに恋をして力づくで連れ去ろうとしますが、父親によって酔いつぶされて、盲目にされてしまいました。オリオンは、鍛冶の神ヘパイストスに助けを求めたところ、太陽の宮殿へ行くことを勧められます。無事にたどり着いたオリオンは、太陽の光で視力を取り戻すことができました。

狩人となったオリオンは、狩りの女神アルテミスと親しくしていました。それを快く思わなかったのは、アルテミスの兄のアポロンです。アポロンは策を弄して、アルテミスにオリオンを殺させてしまいます。アルテミスはオリオンを星座にすることで、追悼しました。

有名な「三つ星」をもつオリオン座は、アルテミスの侍女である7人娘（プレアデス星団）を、夜空で追いかけまわしています。

◆ゆかりの地	◆持物	◆象徴の生き物
なし	弓矢	なし

アポロンは、妹のアルテミス（ディアナ）を挑発し、海上に見える黒い物体を射させました。ところがその物体は、海上に顔を出したオリオンだったのです。自分の手でオリオンを殺してしまったアルテミスは、嘆き悲しみます。

『ディアナと死んだオリオン』
ダニエル・シーター
1685年、
ルーヴル美術館（パリ、フランス）

『昇る太陽を探す盲目のオリオン』
ニコラ・プッサン
1658年、メトロポリタン美術館（ニューヨーク）

目が見えなくなったオリオンは、ヘパイストスの鍛冶場の職工のひとりであるケダリオンを肩に載せ、太陽の宮殿に向かっています。

ゼウスを父にもつ双子の弟

ポリュデウクス

Polydeukes ΠΟΛΥΔΕΥΚΗΣ

ローマ神話	英語
ポルクス Pollux	ポラックス Pollux

レダは、スパルタ王テュンダレオスの妃です。あるときレダは、白鳥に姿を変えたゼウスと交わり、タユゲトス山で卵をひとつ生みました。そこから生まれたのが、双子のカストル(Castor)とポリュデウケスです。このふたりをまとめて、ディオスクロイ(ゼウスの子)と呼びますが、実際にゼウスの子であるのはポリュデウケスで、カストルの父はテュンダレオスとされています。双子には、ミュケナイ王アガメムノンの妃となるクリュタイムネストラと、トロイア戦争の発端になるヘレネという姉妹もいます。

双子はともに武術にもすぐれており、常に行動をともにしていました。仲よくアルゴ探検隊にも加わっています。ところが、ある戦争で、人間同士の子であるカストルが殺されてしまいます。ゼウスは、ふたりそろって星座に加え、ふたご座となりました。

また、神となった双子はローマ軍を助けたことから、古代ローマ騎士団の守護神としても信仰されました。

◆ゆかりの地	◆持物	◆象徴の生き物
タユゲトス山脈、ローマ	なし	なし

カストルとポリュデウケスは、別の双子と婚約が決まっていたレウキッポスの3人の娘のうち、ポイベとヒラエイラをさらって、それぞれ子をもうけました。

『レウキッポスの娘たちの掠奪』
ピーテル・パウル・ルーベンス
1618～1620年、
アルテ・ピナコテーク
（ミュンヘン、ドイツ）

ペガソスに乗って怪物退治

ベレロポン

Bellerophon ΒΕΛΛΕΡΟΦΩΝ

ローマ神話	英語
ベレロポン Bellerophon	ベレロフォン Bellerophon

ベレロポンの両親については諸説あります。海神ポセイドンが父親だという説も、そのひとつです。アルゴス王プロイトスの王妃アンテイアに一方的に愛されますが、ベレロポンは拒みます。アンテイアはこれを恨み、辱めを受けたと夫に訴えたのです。そこでプロイトスは「彼を殺すように」と密かに託した手紙をベレロポンに持たせて、義兄弟イオバテスのもとに送り出しました。

手紙を受け取ったイオバテスは悩んだ末、ベレロポンに、国民を苦しめるキマイラ退治を任せます。キマイラは、頭が獅子、胴が山羊、尾が竜の怪物で、炎を吐いたといいます。ベレロポンは、天馬ペガソスとアテナの助けを借り、キマイラ退治に成功します。ベレロポンはほかにも難行を見事にこなし、イオバテスの信頼を勝ち取ります。そして、娘のピロノエとの結婚を許されました。

ベレロポンの物語に欠かせないペガソスは、翼の生えた馬です。英雄ペルセウスがメドゥサの首を切り落とした際、その血から誕生しています。

◆ゆかりの地	◆持物	◆象徴の生き物
リュキア	槍	ペガソス

リュキアを荒らす怪物キマイラに立ち向かうベレロポンとペガソス（ペガサス）。アンドロメダを救出するペルセウスも、ペガソスにまたがった状態で描かれることがあります。

『ペガサスに乗ってキマイラと戦うベレロポン』
ピーテル・パウル・ルーベンス
1635年、
ボナ美術館（バイヨンヌ、フランス）

武勇が語り継がれる英雄

テセウス

Theseus ΘΗΣΕΥΣ

ローマ神話	英語
テセウス Theseus	シーシウス Theseus

テセウスは、アテナイ王アイゲウスとトロイゼン王女アイトラの間に生まれました。父親はポセイドンという説もあるほど、武勇に優れた青年でした。

テセウスの英雄譚のはじまりは、生まれ故郷のトロイゼン（現トリジナ）から父の治めるアテナイまでの旅です。血気盛んな彼は道中、人々を苦しめる暴君や荒くれ者を罰し、名を挙げていきました。

アテナイに着くと、アイゲウスが新しい妻メデイアを迎えていました。妖術使いでもあった腹黒いメデイアは、自分の権力がテセウスに奪われることを恐れ、アイゲウスをだましてテセウスを殺させようとしますが、失敗。メデイアは故郷のコルキス（現ジョージア）に逃れます。

テセウスの英雄譚のなかでもっとも有名なのは、ミノタウロス退治でしょう。ミノタウロスは、クレタ王ミノスの妻パシパエと牡牛の間に生まれた、頭が牛の怪物です。テセウスは迷宮の奥に潜む怪物を見事に退治し、王女アリアドネの助力で脱出に成功しました。

◆ゆかりの地	◆持物	◆象徴の生き物
トリジナ、アテネ、クレタ島	マント、帽子、兜	なし

ミノタウロスには、生贄として子どもたちが捧げられていました。なお、クレタ王ミノスはゼウスとエウロペの子なので、半神でもあります。ミノスはのちに、死人の行状を調べる冥界の審判官になりました。

『ミノタウロスから子どもたちを解放するテセウス』
紀元1世紀、
ナポリ国立考古学博物館（イタリア）

エレトリアにあるアポロン神殿に残されたレリーフ。アンティオペはアマゾネスのひとりです。アマゾネスは女性だけの部族で、町を襲っては男性をさらっていったといいます。テセウスは、アテナイに攻め込んだアマゾネスと戦い勝利しています。

『テセウスとアンティオペ』
紀元前500年頃

メディア（メディア）は太陽神ヘリオスの血筋をひく人物です。英雄イアソンと結婚しましたが、夫の心変わりに激高し、子どもたちを殺してしまいます。アテナイでアイゲイアスの妻の座につくのは、このあとです。

『怒れるメディア』
ウジェーヌ・ドラクロワ
1836 ～1838年、
リール市立美術館（フランス）

ギリシャ軍を救った無敵の英雄

アキレウス

Achilleus ΑΧΙΛΛΕΥΣ

ローマ神話	英語
アキレス Achilles	**アキリーズ** Achilles

アキレウスは、テッサリアの王ペレウスと、ネレイデスのひとりテティスとの間に生まれました。テティスは、以前ゼウスが目をかけたほどの美貌の持ち主です。息子の不死を願ってステュクス川の水に浸しますが、踵《かかと》をつかんでいたためにその部分だけ水に触れず、弱点（アキレス腱）になったというエピソードは、とても有名です。また、幼少期のアキレウスは、山中でケンタウロスの賢者ケイロンに育てられています。

成長したアキレウスは、トロイア戦争の際、ギリシャ軍の戦士として勇名を馳せます。しかし、愛妾《あいしょう》ブリセイスを自軍の総大将アガメムノンに奪われたため、戦闘に加わらないと宣言します。戦況はギリシャ軍に不利になっていきましたが、アキレウスの鎧兜を身にまとった盟友パトロクロスの活躍で、ギリシャ軍は息を吹き返します。しかし、パトロクロスが、トロイア軍の勇将ヘクトルに討たれてしまうのです。アキレウスは復讐を誓い、再び戦に加わることを決めました。

◆ゆかりの地	◆持物	◆象徴の生き物
プティア（テッサリア地方）	鎧兜、剣	馬

戦に出ることを拒否してくつろぐアキレウスのもとに、ギリシャ軍総大将アガメムノンの使者が説得に訪れています。竪琴を持つのがアキレウス、傍らに立つのがパトロクロス、赤マントの男が使者のオデュッセウスです。

『アガメムノンの使者たちを迎えるアキレウス』
ドミニク・アングル
1801年、
パリ国立高等美術学校（フランス）

ヘクトルを殺し、パトロクロスの仇を討ったアキレウス。ヘクトルの死体を戦車につないで引きずり回すほど、アキレウスの怒りは大きいものでした。

『パトロクロスの足元にヘクトルの遺体を捧げるアキレウス』
ジョセフ＝ブノワ・シュヴァ
1769年頃、
ルーヴル美術館（パリ、フランス）

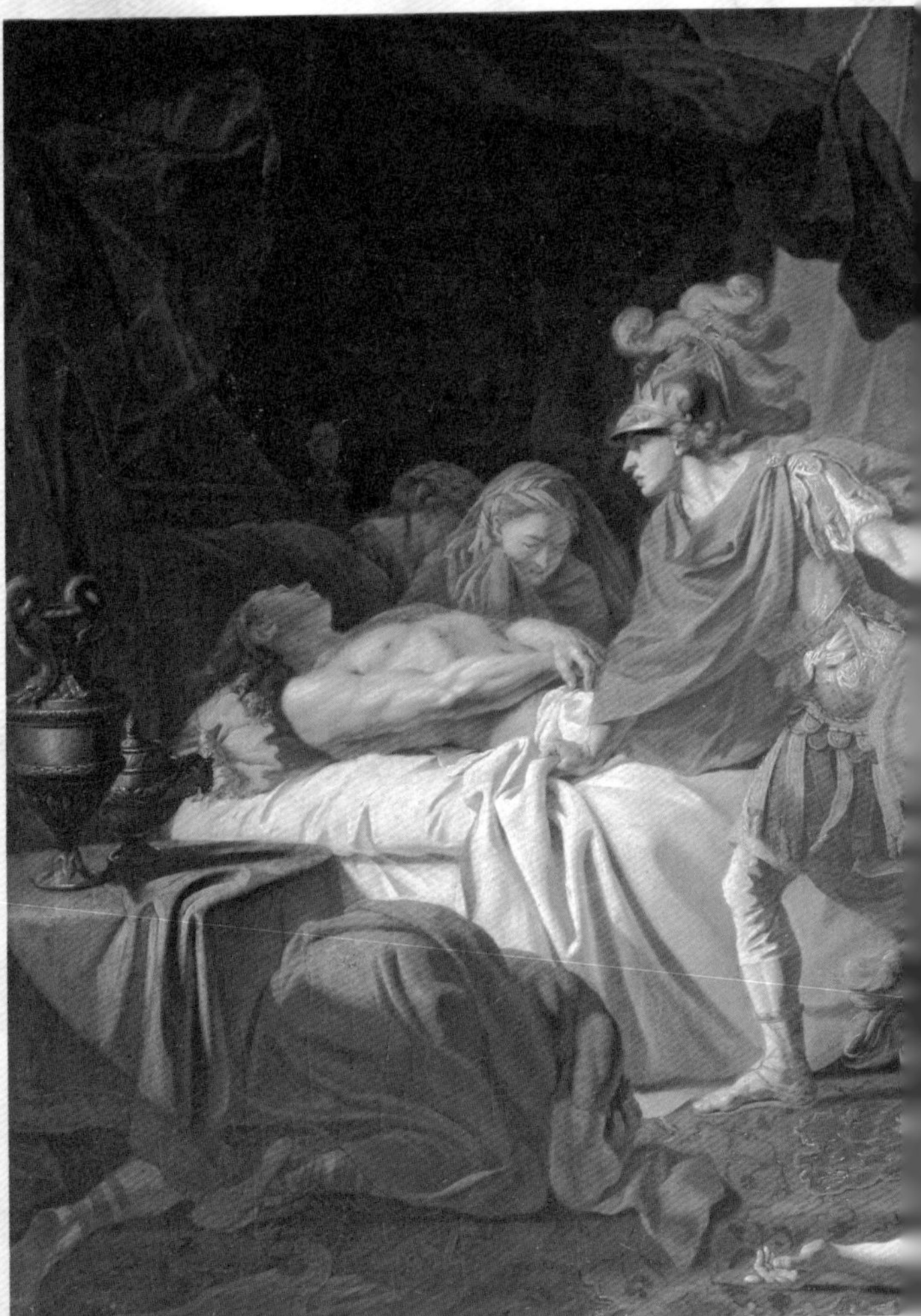

ローマ人の祖となるトロイアの英雄

アイネイアス

Aineias ΑΙΝΕΙΑΣ

ローマ神話	英語
アエネアス Aeneas	**イニーアス** Aeneas

アイネイアスは、トロイア王家の血筋をひくアンキセスを父に、美の女神アプロディテを母にもつ英雄です。

トロイア戦争後のギリシャ側の動向はホメロスの叙事詩「オデュッセイア」で、トロイア側はヴェルギリウスの「アエネーイス」で語られています。「アエネーイス」の主人公が、アイネイアスです。陥落するトロイアから、老父と妻子を連れて逃げ出したアイネイアスは、トロイアの残党と安住の地を目指して旅をします。エーゲ海の島々からシチリア島、そして、ヘラの逆恨みでアフリカまで……。行く手には、人面の鳥ハルピュイア、ひとつ目の巨人キュクロプス、スキュラとカリュブディスといった怪物や魔女たちが立ちはだかります。

のちにカルタゴとなる北アフリカでは、現地の女王ディドと恋に落ちたりもしました。

目的地であるイタリア半島に着いても困難は続きますが、最後にはラウィニアという王女と結婚。息子のユールスが造った町は、のちにローマの起源になります。

◆ゆかりの地	◆持物	◆象徴の生き物
トロイア（トルコ西部）、ローマ	なし	なし

トロイアの都が燃え盛るなか、アエネイアスは年老いた父アンキセスを背負い、必死に逃げ延びようとしています。

『アンキセスを運ぶアエイネアス』
シャルル＝アンドレ・ヴァン・ロー
1729年、
ルーヴル美術館（パリ、フランス）

ゼウスの説得で、アイネイアスはカルタゴを去ることになりました。アイネイアスに恋したディドは悲しみのあまり、アイネイアスの剣で自刃します。

『ディドの死』
ディアナ・デ・ローザ
16世紀前半、個人蔵

イタリア半島では、王ラティヌスがアイネイアス一行を盛大に出迎えます。アイネイアスが結婚するラウィニアはラティヌスの娘です。

『ラティヌスから月桂冠を授けられるアイネイアス』
フェルディナント・ボル
1661～1664年、
アムステルダム国立美術館（オランダ）

大戦争を引き起こした絶世の美女

ヘレネ

Helene ΕΛΕΝΗ

ローマ神話	英語
ヘレナ Helena	ヘレン Helen

ヘレネはスパルタ王テュンダレオスとレダの娘ですが、本当の父親はゼウスです。レダが生んだ卵から双子（ディオスクロイ）とヘレネが生まれたという説がありますが、義憤の女神ネメシスが白鳥のゼウスと交わって生んだ卵を、レダに与えたという説もあります。

絶世の美女ヘレネには、世界中から求婚者が殺到します。そのなかからスパルタ王メネラオスが選ばれ、結婚してヘルミオネという娘をもうけました。

ところがヘレネは、「パリスの審判」でアプロディテを選んだトロイア王子パリスに、褒美として与えられることになります。トロイアに連れ去られたヘレネの奪還が、トロイア戦争の名目となりました。

戦争後、ヘレネはメネラオスと和解し、紆余曲折を経てスパルタに戻り、平和に暮らしたというのが定説です。ですが、夫と娘を捨てて異国の男に走った悪女とみなされることも多く、エウリピデスの戯曲「トロイアの女たち」では、実際にそのように書かれています。

◆ゆかりの地	◆持物	◆象徴の生き物
トロイア、スパルタ	なし	なし

ヘレネが立つ城壁の前には、戦死者や武具が累々と重なっています。妖しい魅力をそなえた女性のテーマを好んだモローは、ヘレネの絵を複数描きました。

『トロイアの城壁に立つヘレネ』
ギュスターヴ・モロー
1885年、ギュスターヴ・モロー美術館（パリ、フランス）

死者をも生き返らせた医学の神

アスクレピオス

Asklepios ΑΣΚΛΗΠΙΟΣ

ローマ神話	英語
アエスクラピウス Aesculapius	アスクレピオス Asklepios

アスクレピオスは、アポロンとラピテス族の王女コロニスの間に生まれました。コロニスは、恋人アポロンとの連絡役として鴉《からす》を使っていましたが、鴉が偽りの「不貞」の報告をしたため、処女神アルテミスの怒りを買い、身ごもったまま殺されてしまいます。救い出されたアスクレピオスは、賢者ケイロンに育てられます。

医術に長けたケイロンが惜しみなくアスクレピオスに技を授けたおかげで、名医になり死者をよみがえらせることもできるようになりました。ところが、冥界へ下る人間が減ったためハデスの怒りを買い、殺されてしまいます。アスクレピオスはのちに神の一員に迎えられ、医学の神として人々の信仰を集めることになります。

生誕地とされるエピダウロスは、アスクレピオス信仰の中心地になりました。エピダウロス遺跡には、アスクレピオス神殿やスタジアム、音楽堂の跡が残っています。音楽や運動でリラックスすることで、病気を治療しようとしていたと考えられています。

◆ゆかりの地	◆持物	◆象徴の生き物
エピダウロス（コス島）	杖	蛇

アスクレピオスは右手に蛇が巻きついた杖を持っています。これは「アスクレピオスの杖」と呼ばれ、世界共通の医学の象徴になっています。

『アスクレピオスの像』
紀元前6世紀、
ナポリ国立考古学博物館（イタリア）

コラム 月・曜日になった神

ヨーロッパの文化に残る神話の神々の名前

十二の月には、ギリシャやローマの神様の名前がもとになったとされるものがあります。

1月のジャニュアリー（January）はローマ固有の門の守護神ヤヌス（↓P119）、3月のマーチ（March）はローマの軍神マルス（ギリシャ神話のアレス）の名前が由来です。

4月のエイプリル（April）は美の女神アプロディテ、5月のメイ（May）はローマの豊穣の女神マイア、6月のジューン（June）はローマ神話のユノ（ギリシャ神話のヘラ）からきているとされていますが、異説もあります。

7つの曜日の名前にも、神話の神々が息づいていますが、英語の曜日は、北欧神話です。たとえば、火曜（Tuesday）は軍神テュール（Tyr）、木曜（Thursday）は最高神トール（Thor）の名前がもとになっています。

一方、ラテン語を起源とする言語で表す曜日の多くには、ローマの神々の名前が使われています。イタリア語を例にみていきましょう。

月曜（ルネディ、Lunedi）はルナ、火曜（マルテディ、Martedi）はマルス、水曜（メルコレディ、Mercoledi）はメルクリウス、木曜（ジョヴェディ、Giovedi）はゼウス、金曜（ヴェネルディ、Venerdi）はウェヌスとなります。なお、日曜（ドメニカ、Domenica）はキリスト教、土曜（サバト、Sabato）はユダヤ教由来で、それぞれ「主の日」「安息日」を意味します。ヨーロッパの人々にとって、神話が身近な存在だったことがわかります。

神の
兄弟・姉妹

Chapter 7

ギリシャ神話
神様図鑑

諸芸術を司る9人の女神

ムーサたち（ムーサイ）

Mousai ΜΟΥΣΑΙ

ローマ神話	英語
ムサエ Musae	ミューシズ Muses

ムーサは、ゼウスとティタン神族のムネモシュネ（記憶）の間に生まれた女神たちです。人数には諸説ありますが、ヘシオドスなどによると、9人とされています。諸芸術の守り神であり、それぞれ司る分野が異なります。名前を列記すると、クレイオ（歴史）、エウテルペ（抒情詩）、タレイア（喜劇）、メルポメネ（悲劇）、テルプシコラ（合唱と舞踊）、エラト（独唱）、ポリュムニア（物語）、ウラニア（天文）、カリオペ（叙事詩）です。これを見ると、古代ギリシャで、どのような芸術・学問が大切にされていたのかがわかります。

ヘシオドスの叙事詩「神統記」は、ムーサたちを讃える歌からはじまります。ムーサたちがヘシオドスを通じて神々の物語を語るという体裁をとっているといえます。このような芸術的な霊感を与える存在を「ミューズ」といいますが、起源はムーサにあるのです。

ムーサが単独で絵画に描かれることはあまりなく、音楽の神アポロンなどと描かれます。

◆ゆかりの地	◆持物	◆象徴の生き物
ヘリコン山、パルナッソス	楽器、書物、仮面など	なし

竪琴を弾くアポロン、岩の上に立つアレスとアプロディテ、ペガソスを連れたヘルメスのいるなかで、9人のムーサが歌い踊っています。女神たちが住むのは、「神統記」ではヘリコン山、ほかの説ではパルナッソス山とされています。

『パルナッソス』
アンドレア・マンテーニャ
1497年頃、
ルーヴル美術館(フランス、パリ)

三位一体の美の女神

カリスたち（カリテス）

Charites ΧΑΡΙΤΕΣ

ローマ神話	英語
グラティアエ Gratiae	グレーシーズ Graces

カリスは、ゼウスと、オケアノスの娘エウリュノメの間に生まれた三姉妹です。その名はアグライア（輝き）、エウプロシュネ（喜び）、タリア（花盛り）といいます。美しさを生む要素の擬人像ともいえるでしょう。

ヘシオドスは「神統記」のなかで「彼女たちが眼差を向けると その眼からは 四肢の力を萎えさせるエロスが溢《あふ》れ出た」と表現しています。

カリスたちは「三美神」とも呼ばれます。神話学者のケレーニイは、三美神を「三位一体のアプロディテ」とみなしています。実際に、絵画作品ではアプロディテとともに描かれることも多く、中央のひとりは後ろ向きに、両端のふたりは前向きになっているのが特徴です。有名なボッティチェッリの『プリマヴェーラ（春）』では、画面左に3人そろって描かれています。

ローマ神話では、カリスたちは「グラティアたち（グラティアエ）」になりました。英語で「気品」を表すgraceの語源になっています。

◆ゆかりの地	◆持物	◆象徴の生き物
なし	なし	なし

決まりごとにのっとり、中央の女神は、背中を向けて立っています。

『三美神』
ジャン＝バプティスト・ルニョー
1793～1794年、
ルーヴル美術館（パリ、フランス）

運命を司る「夜」の娘たち

モイラたち（モイライ）

Moirai　MOIPAI

ローマ神話	英語
パルカエ Parcae	フェイツ Fates

　原初神カオス（混沌）は、ニュクス（夜）とエレボス（幽冥）を生みました。そしてニュクスは、多くの子どもたちを生み出します。エリス（争い）、ネメシス（憤り）、ヒュプノス（眠り）、タナトス（死）などです。人間の運命を司るモイラたちは、そのうちの三姉妹です。

　諸説ありますが、その名をクロト、ラケシス、アトロポスといい、人間が産まれるときに寿命を定め、善運と悪運を授けるといいます。

　一般的に、クロトは糸車や糸巻棒を持ち、ラケシスは紡錘《つむ》を支えたり、棒で糸の長さを測ったりしています。一方、アトロポスは大きな鋏《はさみ》で糸を切ろうとしています。これは、運命が女神たちの判断で紡《つむ》がれ、運の良し悪しも寿命の長短も、彼女たちの機嫌次第であることを示唆しているといえます。

　また、美しい女性の姿で表現される女神が多いなか、モイラたちは、醜い老婆の姿で描かれたり、死の擬人像と組み合わされたりすることもあります。

◆ゆかりの地	◆持物	◆象徴の生き物
なし	糸車、紡錘、棒、鋏	なし

クロトは糸巻棒を、ラケシスは糸を、アトロポスは大きな鋏を持っています。

『運命の三女神』
フランチェスコ・サルヴィアーティ
1550年、
パラティーナ美術館
（フィレンツェ、イタリア）

罪から逃れる者をさいなむ

エリニュスたち(エリニュエス)

Erinyes ΕΡΙΝΥΕΣ

ローマ神話	英語
フリアエ Furiae	**フューリーズ** Furies

ウラノスとガイアは、ティタン神族のほかに、エリニュスたち(エリニュエス)と巨人族(ギガデス)、トネリコの木のニンフたち(メリアス)を生みました。

諸説ありますが、エリニュスたちの名前はアレクト、ティシポネ、メガイラといいます。彼女たちは三姉妹の女神ではありますが、いずれも白髪の老婆の姿をして、ときには頭髪が蛇になっていることもあります。正当な裁判を逃れたり、掟を軽蔑したりする人間に対して刑罰を加える「復讐の女神」として、恐れられました。

エリニュスたちが登場する神話としては、オレステスの物語が知られています。オレステスは、トロイア戦争におけるギリシャ軍総大将アガメムノンの息子です。母クリュタイムネストラが愛人アイギストスと謀ってアガメムノンを殺したため、オレステスはアイギストスと実母に復讐を果たします。ところが、母殺しの罪の思いに苦しんで、恐ろしい姿をしたエリニュスたちに、日々責めさいなまれることになります。

◆ゆかりの地	◆持物	◆象徴の生き物
なし	武器	蛇

恐ろしい形相の蛇髪の女神が、3人そろって、クリュタイムネストラを殺したオレステスに襲いかかろうとしています。

『オレステス』
ウィリアム・ブグロー
1862年、
クライスラー美術館（ノーフォーク、アメリカ）

時の移ろいを司る三姉妹
◆ホーラたち（ホーライ）

ゼウスとテミスの娘。エウノミア（秩序）、ディケ（正義）、エレイネ（平和）の三姉妹とされています。「正しい時」の擬人像で、時間の経過を管理しながら、現れては去っていきます。大空と、オリュンポスの門番もしています。

太陽神の輝ける娘たち
◆ヘリアスたち（ヘリアデス）

太陽神ヘリオスの7人（数は諸説ある）の娘たち。メロペ、ポイベ、アイグレ、ラムペティエ、パエトゥサなどがいます。ヘリオスの息子パエトンが太陽の凱旋車から墜落して死んだ際、嘆き悲しむあまり、ポプラの樹に姿を変えました。

気象現象を擬人化した神々
◆アネモイ

アストライオス（星辰）とエオス（曙）の息子である風の神たち。北風のボレアス、南風のノトス、西風のゼピュロスが特に知られています。ゼピュロスとクロリス、ボレアスとアテナイ王女オレイテュイアの物語が有名です。

黄金の林檎を守る姉妹たち

◆ヘスペリデス

アトラスと、ニュクスの娘ヘスペリスの娘たち。彼女たちの住む「ヘスペリデスの園」には黄金の林檎が植えられており、蛇（または竜）のラドンが実を守っています。数には諸説ありますが、3人姉妹として描かれることが多いです。

星団になって夜空を照らす

◆プレイアデス

アトラスと海のニンフ、プレイオネの娘。7人姉妹で、ともにアルテミスの侍女になりました。ヘスペリデスとはきょうだいにあたります。星になったオリオンが天空で追いかけるのは、彼女たち「プレアデス星団」（すばる）です。

ひとつ眼の巨人兄弟

◆キュクロプスたち

ウラノスとガイアから生まれたキュクロプスは3人で、名はブロンテス、ステロペス、アルゲスといいます。ウラノスとガイアは、ブリアレオス、コットス、ギュゲスという100の腕と50の頭を持つ巨人（ヘカントケイル）も生みました。

コラム

擬人化された概念

神々には天体や自然を擬人化したものという一面も

古代ギリシャでは、天体や身のまわりの自然を神として敬い、崇拝してきました。このように対象を神として扱うことを「神格化（アポテオシス）」といいます。オリュンポスの神々にも、天体や自然現象の神格化という一面があります。たとえばゼウスは雷、アポロンは太陽、アルテミスは月、イリスは虹の神格でもあります。

天体や自然現象だけではありません。「時間」や「正義」といった概念、「夜」「夢」といった実体のないものも神になりました。神は、抽象的な存在を人間に似た姿で具体化した「擬人像」であるともいえます。

なお、擬人像は古代ギリシャや古代ローマだけでなく、世界中で見られます。たとえば北欧神話のトール、インド神話のインドラ、日本の民間信仰の雷神はともに雷の擬人像ですし、古代エジプトのラーは太陽の擬人像です。

『トールと巨人の戦い』
モルテン・エスキル・ヴィンゲ
1872年、ストックホルム国立美術館（スウェーデン）

擬人像の系図をみると古代人の世界観がわかる

ギリシャ神話には、これまで紹介してきた以外にも、擬人化された神がたくさんいます。そもそも、世界のはじまりである原初神自体が擬人像といえます。カオス（混沌）、ガイア（大地）、タルタロス（奈落）、エロス（性愛）の4柱です。

ヘシオドスの「神統記」によると、ガイアの娘ニュクス（夜）は15柱（複数で1柱に数えるものも含む）もの神を生みましたが、そのほとんどが擬人像です。たとえばタナトス（死）とヒュプノス（眠り）は双子で、絵画作品ではいずれも有翼の男性の姿で描かれます。古代の人々が、死と眠りを非常に近いものととらえていたことがうかがえます。

女神エリス(争い)は神々の宴席に「最も美しい者へ」と記した黄金の林檎を投げ入れ、パリスの審判のきっかけをつくりました（↓P32）。エリス自身も、15柱の神を生んでいます。アテ（破滅）、プセウドス(虚言)たち、ポノス(殺害)、レテ（忘却）などです。彼らは、争いが引き起こすさまざまな事態を象徴しています。このように、擬人像である神の系図には、それぞれに意味があるのです。

『眠りの王国のヒュプノスと使者イリス』
ジュリオ・カルピオーニ
1655～1660年、ウィーン美術史美術館（オーストリア）

身のまわりの物や概念の語源になった神の名前

「時間」を神格化したクロノスは、「時の翁《おきな》（Father Time）」とも呼ばれ、砂時計を持った老人の姿で描かれます。ティタン神族の農業の神クロノスと発音がほぼ同じため、しばしば混同され、大鎌を持って描かれることもあります。クロノスは、クロニクル（年代記）やクロノメーター、シンクロナイズ（同調させる）など、時間に関わる名詞や動詞の語源にもなっています。

『サモトラケのニケ』
ルーヴル美術館（パリ、フランス）

擬人化された神の名前が、一般名詞の語源になるケースは、ほかにもあります。『サモトラケのニケ』で有名な勝利の擬人像ニケの名前は、ギリシャ語で勝利を表す「ニキ」の語源ですし、ニケのローマ神話での名前「ウィクトリア」は、イタリア語の「ヴィットリア」、英語の「ヴィクトリー」の語源です。ちなみに、アメリカの大手スポーツ用品メーカー「ナイキ」の名は、ニケからとられています。

また運（フォーチュン）も、運勢の擬人像テュケ（ローマ神話のフォルトゥナ）が語源となっています。ギリシャ語の運は「テュキ」です。古代の文化が、現在の私たちの生活にも息づいているのです。

『運命の輪』
エドワード・バーン＝ジョーンズ
1883年、オルセー美術館（パリ、フランス）

ギリシャ神話 MAP
ギリシャの周辺地域
コーカサス山脈
ローマ
ヴルカノ島
ギリシャ
ジブラルタル海峡
シチリア島
ゴゾ島
キプロス
アトラス山脈
トラキア
トロイア
サモス島
エペソス
トルコ
コス島
リュキア
エーゲ海
ロドス島

マケドニア
レムノス島
オリュンポス山
ギリシャ
テッサリア
ピリオン山
パルナッソス
イタキ島
デルポイ
ヘリコン山
テーバイ
エレウシス
アテネ
（アテナイ）
コリントス
オリュンピア
アルゴス
スニオン岬
アルカディア
トリジナ
デロス島
スパルタ
タユゲトス山脈
セリポス島
ナクソス島
キュテラ島
クレタ島

おわりに

グリム童話の「狼と七匹の子ヤギ」で、末っ子をのぞく六匹の子ヤギを丸呑みした狼は、満腹になってついうたた寝をしてしまいます。そこへ母ヤギが帰ってくるのですが、子ヤギから話をきいた母ヤギは一計を案じ、狼の腹を裂いて子どもたちを助け出すと、かわりにお腹に石を詰めて縫い合わせてもと通りにするのでした。

幼い頃に絵本か何かで誰もが読んだことのあるこのストーリーは、実はギリシャ神話をベースにしています。ティタン神族のクロノスは自らの子を次々に呑み込むのですが、末っ子のゼウスだけは母レアの機転によって難を逃れます。このときとられた手段として伝えられる異説のうち、最も有名なのが、ほかならぬ「かわりに石を呑ませる」なのです。

私たちが日頃使っているカレンダーはギリシャ・ローマ神話に由来する語であふれていますし、空を見上げれば星座や星々の多くに神々の名を見つけることができます。また、世界的なスポーツ用品メーカーに勝利の神の名が付けられていることを、本書で初めてお知りになった方もいることでしょう。

このように、何千年も昔に、はるか遠くの地で紡がれた物語なのに、現代日本に生きる私たちの暮らしのなかにも、今なお神話は息づいているのです。さらには、オルフェウスの物語と日本のイザナギ・イザナミの神話が似ていることや、プシュケの物語に鶴の恩返しの昔話との共通点を探してみるのも楽しいことです。本書がそうした、私たちの日頃の営みと神話との関係性や、古から続く人類の豊かな想像力に思いを巡らせるきっかけや気付きとなれば幸いです。そして本書で紹介した多くの図像やエピソードが、みなさんの今後の美術鑑賞や異文化理解を一層味わい深いものにしてくれるよう願っています。

池上英洋

監修　池上英洋（いけがみ　ひでひろ）

美術史家、東京造形大学教授。東京藝術大学・同大学院修士課程修了。専門はイタリアを中心とする西洋美術史・文化史。著書に『レオナルド・ダ・ヴィンチ　生涯と芸術のすべて』（第四回フォスコ・マライーニ賞）『西洋美術史入門』『ヨーロッパ文明の起源』『死と復活』（いずれも筑摩書房）、『イタリア　24の都市の物語』（光文社）、『錬金術の歴史』（創元社）など。日本文藝家協会会員。

参考文献

『ギリシアの神話 神々の時代』カール・ケレーニイ著（中公文庫）
『ギリシアの神話 英雄の時代』カール・ケレーニイ著（中公文庫）
『ギリシア・ローマ神話』ブルフィンチ著（岩波文庫）
『神統記』ヘシオドス著（岩波文庫）
『変身物語』オウィディウス著（岩波文庫）
『ギリシア・ローマ神話辞典』高津春繁著（岩波書店）
『西洋美術解読事典―絵画・彫刻における主題と象徴』ジェイムズ・ホール著（河出書房新社）
『世界一よくわかる！ ギリシャ神話キャラクター事典』オード・ゴミエンヌ著（グラフィック社）
『四季の星座図鑑』藤井旭著（ポプラ社）
『星の神話伝説図鑑』藤井旭著（ポプラ社）

索引

113：©akg-images / Cynet Photo
114：©Alamy / Cynet Photo
115：©Album / Cynet Photo
118 上：©akg-images / Cynet Photo
118 下：©DEA / G DAGLI ORTI / AGE Fotostock / Cynet Photo
119：©Fine Art Images / AGE Fotostock / Cynet Photo
123：©akg-images/ アフロ
124：©Album / Cynet Photo
125：©Album / Cynet Photo
127：©Album / Cynet Photo
128：©akg-images / Cynet Photo
131 上：©Album / Cynet Photo
131 下：©Science Photo Library/ アフロ
133：©Artothek/ アフロ
134：©Album / Cynet Photo
135：©DEA / G NIMATALLAH / AGE Fotostock / Cynet Photo
137：©Album / Cynet Photo
139：©Interfoto/ アフロ
141：©akg-images / Cynet Photo
143：©Erich Lessing/K&K Archive/ アフロ
145：©akg-images / Cynet Photo
147：©Album / Cynet Photo
149：©Album / Cynet Photo
151：©Artothek/ アフロ
153：©Album / Cynet Photo
155：©Album / Cynet Photo
158：©Tomas Abad / AGE Fotostock / Cynet Photo
159：©Alamy / Cynet Photo
160：©DEA / A DE GREGORIO / AGE Fotostock / Cynet Photo
163：©DEA / G NIMATALLAH / AGE Fotostock / Cynet Photo
165：©Album / Cynet Photo
167：©Album / Cynet Photo
169 上：©Album / Cynet Photo
169 下：©Mondadori/ アフロ
171：©Artothek/ アフロ
173：©Album / Cynet Photo
175：©Album / Cynet Photo
177：©Photo12 / Cynet Photo
183：©Album / Cynet Photo
184：©Album / Cynet Photo
185：©Album / Cynet Photo
187：©akg-images / Cynet Photo
188：©Album / Cynet Photo
191：©Album / Cynet Photo
192：©akg-images / Cynet Photo
195：©Granger Collection / Cynet Photo
197：©Album / Cynet Photo
199：©DEA / A DAGLI ORTI / AGE Fotostock / Cynet Photo
200：©Album / Cynet Photo
201：©Album / Cynet Photo
203：©akg-images / Cynet Photo
204：©Album / Cynet Photo
207：©Album / Cynet Photo
208：©Album / Cynet Photo
209：©Album / Cynet Photo
211：©Artothek/ アフロ
213：©Science Photo Library/ アフロ
217：©Album / Cynet Photo
219：©Album / Cynet Photo
221：©Alamy / Cynet Photo
223：©akg-images / Cynet Photo
226：©Album / Cynet Photo
227：©Album / Cynet Photo
228：©TPX / AGE Fotostock / Cynet Photo
229：©Alamy / Cynet Photo
そのほかは Adobe Stock

写真クレジット

8：©DEA / G NIMATALLAH / AGE Fotostock / Cynet Photo
9：©akg-images / Cynet Photo
10：©Alamy / Cynet Photo
11：©Alamy / Cynet Photo
12：©Fine Art Images / AGE Fotostock / Cynet Photo
15：©DEA / V PIROZZI / AGE Fotostock / Cynet Photo
17：©Album / Cynet Photo
18：©Alamy / Cynet Photo
21：©Album / Cynet Photo
22：©Universal Images Group / Cynet Photo
23：©akg-images/ アフロ
24 上：©DEA / G DAGLI ORTI / AGE Fotostock / Cynet Photo
24 下：©Alamy / Cynet Photo
27：©Album / Cynet Photo
28 上：©akg-images / Cynet Photo
28 下：©Super Stock/ アフロ
29：©Mondadori/ アフロ
31：©Album / Cynet Photo
32：©Album / Cynet Photo
35：©Album / Cynet Photo
36 上：©Alamy / Cynet Photo
36 下：©Album / Cynet Photo
37：©Iberfoto/ アフロ
39：©Alamy / Cynet Photo
40：©Iberfoto/ アフロ
43：©Album / Cynet Photo
44：©Album / Cynet Photo
45：©Super Stock/ アフロ
47：©Album / Cynet Photo
48：©Alamy / Cynet Photo
51：©Album / Cynet Photo
52：©Album / Cynet Photo
55：©Album / Cynet Photo
56：©akg-images / Cynet Photo
58 上：©AWL Images/ アフロ
58 下：©Design Pics/ アフロ
59：©Album / Cynet Photo
60：©akg-images / Cynet Photo
63：©akg-images / Cynet Photo
65：©Artothek/ アフロ
66：©Alamy / Cynet Photo
69：©akg-images/ アフロ
70 下：©New Picture Library/ アフロ
71：©Album / Cynet Photo
73：©Album / Cynet Photo
75：©Album / Cynet Photo
77：©Heritage Image/ アフロ
79：©Album / Cynet Photo
83：©Album / Cynet Photo
84：©DEA / G NIMATALLAH / AGE Fotostock / Cynet Photo
87：©Album / Cynet Photo
89：©akg-images / Cynet Photo
90：©Album / Cynet Photo
93：©akg-images/ アフロ
94：©Alamy / Cynet Photo
95：©Fine Art Images / AGE Fotostock / Cynet Photo
96：©Fine Art Images / AGE Fotostock / Cynet Photo
99：©SIME/ アフロ
101：©Artothek/ アフロ
103 上：©akg-images / Cynet Photo
103 下：©Alinari/ アフロ
105：©akg-images / Cynet Photo
106：©Album / Cynet Photo
109：©akg-images / Cynet Photo
110：©akg-images / Cynet Photo
111：©Alamy / Cynet Photo

西洋美術に描かれた
ギリシャ神話 神様図鑑

2023年7月1日　第1刷発行

監修　池上英洋（東京造形大学教授）

編集・文　石川守延（サティスフィールド）
写真　アフロ、Cynet Photo、Adobe Stock
イラストMAP　北嶋京輔
装丁　公平恵美
DTP　関口暁、若林政一郎（サティスフィールド）

発行人　塩見正孝
編集人　神浦高志
販売営業　小川仙丈
中村崇
神浦絢子

印刷・製本　株式会社シナノ

発行　株式会社三才ブックス
〒101-0041
東京都千代田区神田須田町2-6-5
OS'85ビル3F
TEL：03-3255-7995
FAX：03-5298-3520
http://www.sansaibooks.co.jp/
mail　info@sansaibooks.co.jp